Michiaki und Hildegard Horie

Verstanden werden
und
verstehen

R. Brockhaus Verlag Wuppertal

R. Brockhaus Taschenbuch Bd. 416

© 1988 R. Brockhaus Verlag Wuppertal
Umschlaggestaltung: Carsten Buschke, Leichlingen 2
Umschlagfoto: Stockmarket – ZEFA, Düsseldorf
Gesamtherstellung: Breklumer Druckerei Manfred Siegel KG
ISBN 3-417-20416-X

Vergebung ist eine Gesinnung,
die sich in einem Menschen bildet,
wenn er sich immer wieder
neu dafür entscheidet.

INHALT

I. Einleitung

1. Miteinander reden

Wo Menschen sind, »menschelt« es. Erwartungen werden enttäuscht, der eine fügt dem anderen Verletzungen zu, die schließlich in Verbitterung übergehen. So entsteht leicht ein schwelender oder gar offensichtlicher Kriegszustand. Und jeder glaubt, der andere müsse sich verändern, er selbst aber sei im Recht.

Das menschliche Miteinander bringt somit nicht nur Vorteile mit sich, sondern verursacht teilweise massive Probleme. Die negativen Auswirkungen einer gestörten zwischenmenschlichen Beziehung zeigen sich am verhängnisvollsten in einer Ehe oder auch überall da, wo Menschen unterschiedlicher Prägung keine Möglichkeit haben, einander auszuweichen, etwa am Arbeitsplatz, im Klassenraum oder den »eigenen vier Wänden«. Je intensiver eine gemeinsame Lebensgestaltung ist, desto leichter kommt es zu Kommunikationsstörungen. Diese Störungen können so massiv sein, daß sie wie ein Virus die Substanz einer Gemeinschaft vergiften, bis diese schließlich auseinanderbricht und u.U. eine lebenslange Verwundung hinterläßt oder gar den einzelnen zu einem psychischen Krüppel macht, der letztlich nicht lebensfähig ist.

In dem vorliegenden Buch wollen wir uns daher mit der Verständigung auseinandersetzen, indem wir zunächst Formen einer gestörten Kommunikation aufzeigen, sodann einige grundsätzliche Überlegungen anschließen, um endlich miteinander neue Wege zu einer gesunden Kommunikation zu suchen.

2. Das laute Schweigen

Unentwegt dringen Geräusche auf uns ein. Auf den Straßen rasen Autos. Es dröhnen Preßlufthämmer. In der Luft sind Flugzeuge, in Gärten und Wäldern das Radio als unermüdlicher Begleiter. Lärm – wohin wir auch kommen, draußen und drinnen. Und in den Häusern ist häufig das Fernsehen Alleinunterhalter. Wenn das Programm aus irgendeinem Grunde nicht sendet, entsteht auch in der zwischenmenschlichen Beziehung eine Sendepause, weil man es entweder nie gelernt hat, miteinander zu reden, oder es inzwischen wieder verlernte.

In unserer Kommunikation beschränken wir uns oft nur noch auf das Notwendigste. Nicht nur das nachbarschaftliche Gespräch ist weithin verstummt, selbst innerhalb der Familie herrscht das laute Schweigen; denn das Gespräch ist mehr und mehr verebbt. Zurück bleibt eine kranke Gesellschaft, die nicht mehr miteinander reden kann; die gegeneinander die Faust ballt und sich gegenseitig verklagt – aber nicht mehr miteinander redet.

Früher nahmen sich die Menschen noch Zeit zum Schreiben eines Briefes. Heute gibt es vorgeschriebene Mitteilungen im Telegrammstil, wo man nur das Wichtigste anzukreuzen braucht.

Das wäre annehmbar, wenn es uns Zeit ersparen würde, die wir dann – vielleicht sogar besser – nutzen könnten. Aber die Realität sieht doch leider anders aus: Je mehr freie Zeit wir gewinnen, desto weniger Zeit haben wir, denn das, was wir auf der einen Seite an Zeit einsparen, lassen wir uns auf der anderen Seite wieder rauben. Und am Ende sind wir noch zeitärmer geworden als zuvor.

Ist es Ihnen nicht auch schon so ergangen, daß Sie vor dem Fernseher saßen und auf einen guten Film warteten in der Hoffnung, das Warten würde belohnt? Und wie oft mußten Sie am Ende resigniert feststellen: Eine Verschwendung an Zeit.

Wie nutzen wir die Zeit, die uns anvertraut worden ist?

Außerhalb des häuslichen Bereiches finden wir Interessengruppen, die sich zusammenfinden, um über bestimmte Themen zu diskutieren. Da sind es gemeinsame Aufgaben und Interessen, die die einzelnen miteinander verbinden – aber eine echte Kommunikation im Sinne eines Gespräches kommt auch da kaum noch zustande.

Und doch ist der Mensch als Gegenüber geschaffen. Nicht als stummes Mahnmal, sondern als ein lebendiges Du. Weil es von Gott her die Bestimmung des Menschen ist, Du zu sein, lebt in ihm diese Sehnsucht und das Streben nach dem Gegenüber.

Junge Menschen drängen in die Diskotheken, um das Gefühl der Gemeinschaft und Zugehörigkeit zu pflegen. Sie strömen in Rockkonzerte oder Festivals – sie klammern sich aneinander, immer auf der Suche nach dem Du. Aber was sie finden, ist Musik in höchster Lautstärke und dichtes Gedränge; beides verhindert jede Form von Gespräch. Am Ende Müdigkeit, Erschöpfung, oft ein böses Erwachen. Da ist Enttäuschung. Bitterkeit. Resignation. Denn das, was der Mensch letztlich sucht, findet er nicht.

Oder der Computer als Partner-Ersatz? Ein Gegenüber, das so reagiert, wie man es steuert? Man gibt Programme ein, fragt, erteilt Befehle, erhält die Antwort – aber es bleibt doch eine elektronische Kommunikation auf Bit-Basis: Nur was eingegeben ist, kann abgefragt werden. Gefühle können nicht in Elektronik umgesetzt werden. So ist der Computer zwar ein Gegenüber – aber er ist kein Du. Denn nichts kann den Menschen ersetzen, dieses lebendige Wesen mit der Fähigkeit zu denken, zu fühlen und zu lieben.

Der Mensch braucht den Menschen. Den Gleichaltrigen mit gleichen Erfahrungen und ähnlichen Problemen, mit den gleichen Hoffnungen und Enttäuschungen – aber er braucht auch den älteren, der dem jüngeren an Erfahrung voraus ist. Und der Ältere braucht den Jüngeren, um sich ihm mitzuteilen, und um immer wieder neu von ihm zu empfangen, sich neu einzustellen, hinzuhören, Richtung zu weisen.

In einer gesunden Gesellschaft sind Junge und Alte in gleicher Weise integriert. Sie lernen an- und miteinander. Ja, selbst die Reibungsflächen sind notwendig, um einander abzuschleifen und so zu tragfähigen Persönlichkeiten heranzureifen. Wenn hier Mauern aufgerichtet werden zwischen jung und alt, muß eine Generation verkrüppeln.

3. Angst, der heimliche Diktator

Jeder Mensch ist ein eigenständiges Selbst. Eine Persönlichkeit mit einer individuellen Prägung, die sich durch Veranlagung und Umwelteinwirkung im Laufe der Jahre allmählich gefestigt hat.

Wenn nun Menschen verschiedener Prägung zusammenkommen, bleiben unterschiedliche Anschauungen und Lebensvorstellungen nicht aus.

So sind manche Menschen schon von ihrem Wesen her einander völlig fremd. Sie spüren sofort: Da ist keine gemeinsame Basis – wir sind Welten voneinander entfernt! Andere Voraussetzungen, andere Leidenschaften, andere Lebensziele, ja, selbst die gleichen Wörter sind unterschiedlich gefüllt. Entsprechend unterschiedlich gestaltet sich der Alltag: Die einen genießen ihn mit Hilfe ihres Laisser-faire, die anderen mit Hilfe unermüdlicher Aktivität, und die einen wie die andern leiden – an sich, am andern.

Schwieriger wird es, wenn man mit Menschen derart unterschiedlicher Prägung zusammen leben muß, sei es am Arbeitsplatz, in der Schule – oder gar in einer Ehe. Schon die Gegenwart eines solchen Menschen macht uns beklommen. Verunsichert. Wir sind blockiert und begegnen dem andern mit Vorbehalten. Am liebsten möchten wir einen weiten Bogen schlagen. Aber das ist oft nicht möglich; denn wir können uns in der Regel nicht unsere Kollegen aussuchen. Auch auf die Wahl der Klassenkameraden oder Mitstudenten haben wir kaum einen Einfluß. Und im Blick auf den Partner, den wir uns ja eigentlich auswählen könnten, heißt es nur zu oft: »Hätte ich das vorher gewußt!« Aber jetzt sind wir diesem Menschen zugeordnet und können uns ihm nicht entziehen! Doch diese unterschiedliche Prägung allein ist es nicht, die das Zusammenleben schwierig gestaltet. Denn auch charakterlich sehr unterschiedliche Menschen können dennoch harmonisch miteinander umgehen. Sie können einander ergänzen, bereichern. Entscheidend ist vielmehr, *wie wir miteinander reden*, d.h. *unsere Kommunikation ist gefragt.*

Wenn wir nun erkennen, daß das Miteinander einfach nicht funktioniert, sollten wir über unseren Umgang miteinander nachdenken und uns fragen: Warum reagiere ich so?

Es wäre eine Utopie, den andern verändern zu wollen, ihn zurechtzustutzen, bis er in unseren Rahmen paßt. Aber eines können wir verändern: unsere Art, ihm zu begegnen.

In einer konfliktreichen Beziehung ist zumeist die Kommunikation gestört. Der Ausgangspunkt solch einer gestörten Kommunikation aber ist häufig – die Angst.

Im folgenden möchten wir daher verschiedene Kommunikationsformen unter dem Gesichtspunkt der Angst betrachten. Denn weithin bestimmt die Angst das Miteinander.

Die Angst ist eine treibende Kraft; denn so, wie sich diese Angst in unserem Vorbewußtsein oder auch Unterbewußtsein manifestiert, verhalten wir uns auch. Aus unserem Schutzbedürfnis heraus wählen wir dann diese oder eine andere Kommunikationsform, sei es Angriff oder stummer Widerstand.

Aber letztlich steckt dahinter das Bedürfnis, sich selbst in Sicherheit zu bringen. Ob das allerdings durch die jeweilige Kommunikationsform gelingt, wollen wir neu prüfen.

II. Die gestörte Kommunikation

Formen der gestörten Kommunikation

In meiner Praxis beobachte ich verschiedene Kommunikationsformen – nicht selten zusammen mit der jeweiligen Kehrseite.

Es mag wie eine Schwarz-Weiß-Malerei anmuten, doch wird jeder in der einen oder anderen Form seine bevorzugte Kommunikationsform wiederentdecken. Und darum geht es jetzt zunächst.

1. Die unterwerfende Kommunikation

Menschen, die – zumeist unbewußt – diese Kommunikationsform bevorzugen, neigen dazu, zu schnell »nein« zu sagen, und können daher sehr verletzend sein. Aufgrund ihrer schroffen Art wirken sie nach außen stark und überlegen. Aber in Wirklichkeit versuchen sie nur zu oft, ihre eigene Unsicherheit auf diese Weise zu verbergen.

Und wenn wir mit ihnen in einen näheren Kontakt kommen, sind wir vielleicht ganz überrascht, einen selbstunsicheren Menschen vor uns zu sehen, der von Angst beherrscht wird: der *Angst, einem anderen ausgeliefert zu sein;* der Angst, unterworfen zu werden. Sie schlagen um sich nach dem Motto: »Der Angriff ist die beste Verteidigung.«

Wer andere unterwirft, will überlegen sein – weil er sich unterlegen fühlt. Daher ist er fordernd und leicht aggressiv. Nur selten zeigt er sein wahres Gesicht.

Was steckt hinter solch einem Verhalten?

Häufig hat dieser Betreffende selbst unter einem autoritären Vater oder einer überstarken Mutter gelitten. Aus Angst, jetzt wieder unterlegen zu sein, unterwirft er den andern. Um seine eigenen Wunden zu schützen, fügt er dem anderen Verletzungen zu. Je häufiger er verletzt wurde, desto besser lernte er es, sich dagegen zu wehren. So fing er an, um sich zu schlagen. Und schließlich schlägt er zu, bevor ihm jemand ein Leid zugefügt hat. Er ist leicht verletzbar und fühlt sich deshalb ständig bedroht. Seine Reaktion ist zu einem Mechanismus geworden.

In einer Atmosphäre, in der scharf geschossen wird, muß man sich in Deckung bringen, das ist verständlich. Aber das bedeutet noch nicht, daß wir mit der gleichen Methode zurückschlagen müssen, um uns zu schützen!

Eine den andern unterwerfende Kommunikation gräbt eine tiefe Kluft, so daß der Betreffende schließlich wie auf einer Insel nur noch mit sich alleine lebt. Er wird von anderen gemieden. Niemand will etwas mit ihm zu tun haben. Und an dieser Isolation leidet er.

Ich denke an ein Ehepaar in den mittleren Jahren. Sie: eingeschüchtert und ängstlich schweigend; er: auf sie einredend und voller Anklage. Zwei Fronten.

Was brachte die beiden so auseinander?

Der Mann hatte eine ganz bestimmte Vorstellung, wie seine Frau zu sein hatte. Er hatte einen Lebensplan ausgearbeitet, dem sie entsprechen sollte. Alles wurde ihr vorgeschrieben, bis in die Einzelheiten. Wenn sie versuchte, Einwände zu machen, wurde sie niedergeschrien und mit Bibelversen eingedeckt.

Nun war die Frau ohnehin etwas schüchtern und mit Worten nicht so gewandt. Im Laufe der Jahre wurde sie depressiv. So kam sie in meine Praxis.

Als sie dann beide vor mir saßen, wiederholte sich dieses Spiel: er auf sie einredend, bestimmend; sie eingeschüchtert und ängstlich schweigend. Und während sie verwirrt schwieg, packte er aus. Dann brüllte er sie an: »Ich meine es doch nur gut mir dir!«

Schließlich versuchte sie zögernd, den einen oder anderen Punkt von ihrer Perspektive her darzulegen. Aber er verstand es sofort, alles Gesagte zu seinen Gunsten zu verdrehen. Seiner intellektuellen Argumentation war sie nicht gewachsen. Sie schwieg. Aus Hilflosigkeit. Ich versuchte zu vermitteln. Aber meine Vermittlungsversuche prallten ab. Er war zu sehr von der Richtigkeit seiner Schau überzeugt, so daß er am Ende die Rolle des mißverstandenen Märtyrers spielte.

Als ich wenig später mit diesem Mann alleine sprach, stellte sich heraus, daß er von seinem autoritären Vater stets beherrscht worden war. Eines Tages war es ihm endlich gelungen, seinen eigenen Weg zu finden. Aber das geschah dadurch, daß er die Rolle des Starken übernahm und andere knechtete. Als ich versuchte, ihm diesen Mechanismus klar zu machen, blockte er ab. Das mochte für andere gelten. Bei ihm lag die Sache anders; er war im Recht. So glaubte er.

Manchmal dauert es lange, bis ein Mensch den Mut findet, die starke Rüstung abzulegen. Welch eine Entspannung, wenn dann der einzelne erkennt: Ich muß ja gar nicht den starken Helden spielen, ich darf auch schwach sein.

Ja, ich muß gar nicht eine bestimmte Rolle spielen, um von dem anderen anerkannt zu werden. Ich darf ich selber sein. So wie ich bin.

2. Die unterwürfige Kommunikation

Das Gegenstück zu der unterwerfenden Kommunikation wäre die unterwürfige Kommunikation. Diese Menschen sagen zu schnell »ja«. Noch bevor sie in Ruhe abwägen und evtl. Konsequenzen überblicken können, haben sie schon ja gesagt. Und hinterher ärgern sie sich darüber.

Diese Menschen sind zwar im allgemeinen gerne gesehen; sie sind freundlich, hilfsbereit, entgegenkommend –

aber nicht selten fühlen sie sich ausgenutzt und sind wütend über sich selbst – und auf die andern, die ihnen so viel zumuten. Und tief in ihrem Inneren kämpfen sie mit dem Gefühl, selbst zu kurz zu kommen.

Auch hinter dieser Kommunikationsform verbirgt sich die Angst. Die *Angst, nicht geliebt zu werden.* Der Gedanke, von einem anderen Menschen abgelehnt zu werden, ist für diesen Betreffenden unerträglich. So ist sein Verhalten letztlich eine Werbung um persönliche Anerkennung. Er braucht die Zustimmung des andern, daher ist er stets zu Diensten bereit, um sich nur keine Feinde zu schaffen.

Seinen Ärger und Unwillen unterdrückt er, um keinen Anlaß zur Kritik zu geben. Unter Umständen zeigen sich später seine verdrängten Aggressionen in körperlichen Beschwerden wie Magengeschwüren, Gallenbeschwerden, Kopfschmerzen oder Herzstörungen usw. (Siehe: *Das verlorene Ich*, R. Brockhaus Taschenbuch Bd. 368, S. 79)

Wenn man mit diesen Menschen in ein Gespräch kommt, stellt es sich oft heraus, daß sie in ihrer Kindheit entweder zu wenig oder zu viel geliebt worden sind.

Wer zu viel Liebe und Zuwendung erhalten hat, hatte nie Gelegenheit, sich mit einer frustrierenden Situation auseinanderzusetzen. Harmonie ist für ihn das höchste Ziel. Dieses starke Harmoniebedürfnis hat sein Verhalten geprägt, so daß er alles in Kauf nimmt, um diese Harmonie zu erhalten: Er tut nur noch den Willen eines anderen.

Aber auch die *Menschen, die zu wenig geliebt wurden,* können im Laufe der Erfahrungen gelernt haben, daß sie durch ein Ja Liebe erkaufen können. Aus ihrem starken Liebebedürfnis heraus wagen sie es nicht, zu ihrer eigenen Meinung zu stehen. Und da entwickelt sich der Konflikt.

Wenn sie »ja« sagen, ihr Gefühl sich jedoch gegen dieses Ja sperrt, kommt es zu einer Spannung. Gelingt es ihnen dann, diese Spannung zwischen dem äußeren Ja und dem inneren Nein rational zu lösen und sind sie flexibel genug, ihr eigenes Liebebedürfnis zurückzustellen, dann wird die

Spannung aufgefangen und ihr »Ja« kann positiv verarbeitet werden. Denn dieses Ja ist dann nicht mehr von dem Wunsch nach dem Geliebtwerden bestimmt, sondern ein Geschenk, das aus der Freiheit erbracht wurde.

Wenn das aber nicht gelingt, wenn der Betreffende vielmehr erleben muß, daß sein Ja zu einer Schlinge wird, die er sich selbst umgelegt hat, gerät er innerlich in einen Zwiespalt. Er befindet sich in einer Zwickmühle, aus der es kein Entrinnen gibt. So fühlt er sich schuldig, und zwar dem andern gegenüber und auch sich selbst gegenüber – und dieses Schuldbewußtsein fordert Sühne.

Eine unterwürfige Kommunikation beobachten wir häufig bei depressiven Menschen, die ein ausgesprochen *starkes Sicherungsbedürfnis* haben. Ihre Anklammerungstendenz ist Ausdruck ihres Suchens nach Sicherheit. Aus Angst vor Trennung werden sie schließlich von der Gunst eines anderen abhängig. So kommt es leicht zu einer Unselbständigkeit, die wiederum als Fessel erlebt wird; nicht nur der andere fühlt sich eingeengt, sondern auch der Betreffende selbst. Ja, der Unterwürfige leidet unter dieser Einschnürung, die ihn seiner Freiheit beraubt, ohne zu sehen, daß er sich selbst in diese Versklavung gebracht hat.

Hier muß eine neue Kommunikationsweise eingeübt werden.

Es ist gut, wenn wir bemüht sind, einander zu erfreuen. Es ist gut, wenn wir dabei auch unsere eigenen Bedürfnisse zurückstellen können, um einem anderen den Vortritt zu lassen. Aber wir müssen auch lernen, unsere Möglichkeiten realistisch einzuschätzen. Und darüber hinaus müssen wir lernen, unsere Motive ehrlich zu durchleuchten und uns fragen: Warum habe ich ja gesagt? Und kann ich dieses Ja im Rahmen meiner Möglichkeiten verwirklichen?

Hier gilt es, unsere eigenen Grenzen zu sehen und den Mut aufzubringen, unser Nein zu begründen – ohne unnötig zu verletzen. Und wenn wir sachlich unsere Argumente dem anderen verständlich machen, werden wir in der Regel auch verstanden.

Ein sachlich begründetes Nein bedeutet weder Bruch noch Feindschaft. Vielleicht auch können wir dem anderen einen Gegenvorschlag unterbreiten und somit unsere grundsätzliche Bereitschaft zeigen.

Ein junger Familienvater hatte einen Ausflug mit seiner Familie geplant. Die Kinder freuten sich darauf und hatten ein Picknick vorbereitet. Am Abend vor dem Familientag kam der Anruf eines Arbeitskollegen, der mit seinem Hausbau beschäftigt war. Unglücklicherweise war ein Facharbeiter erkrankt, so daß die Arbeit liegen blieb. So bat er jenen Familienvater einzuspringen. Um jetzt seinen Kollegen nicht zu enttäuschen, sagte er zu. Es schien ihm leichter, seine eigene Familie zurückzustellen, als die Sympathie des Kollegen zu verlieren. Aber was war wichtiger: das Haus des Kollegen oder das Vertrauen seiner Kinder, die sich auf diesen Tag schon so lange freuten? Es wäre besser gewesen, ganz offen mit dem Kollegen über den geplanten Ausflug zu sprechen. Vielleicht wäre ein dritter Weg gefunden worden.

3. Die Geltung heischende Kommunikation

Bei der um Geltung heischenden Kommunikation wirbt der Mensch um Anerkennung, und zwar Anerkennung um jeden Preis. Um anerkannt zu werden, meint er überall mitreden zu müssen. Zu allem meint er einen entscheidenden Beitrag leisten zu müssen, auch wenn er nichts von der betreffenden Sache versteht. Trotzdem bringt er seine Meinung zum Ausdruck.

Warum?

Dieser Mensch will imponieren, von anderen bewundert werden. Oft gelingt es ihm – zumindest eine Zeitlang.

Aber dann muß er erfahren, wie sich andere von ihm zurückziehen. Es mag sein, daß er sich desto mehr anstrengt, die Bewunderung der anderen zurückzugewinnen. Aber solch eine Beziehung ist kaum von Dauer, denn es ist zu anstrengend, mit solch einem Menschen zusammenzusein. In seiner Gegenwart kann man nicht entspannen. Man wird seiner Angeberei überdrüssig und wendet sich ab.

Da ist ein Mann in den mittleren Jahren. Er klagt darüber, keine Freundin zu finden. Er hatte viele Bekanntschaften; aber diese Beziehungen waren alle nur kurz und oberflächlich. In seinen Augen lag der Grund für dieses Ausgeschlossenwerden in den anderen, nicht in seinem eigenen Fehlverhalten. Aber warum war seine Gesellschaft zwar einen Augenblick lang interessant, wurde dann aber abgewiesen?

Er konnte keinen neben sich dulden. *Er wurde von dem Gedanken beherrscht, überall der Erste sein zu müssen.* So riß er jedes Gespräch sofort an sich. Er glaubte, zu allem etwas sagen, überall das letzte Wort haben zu müssen. Der Gedanke, daß ein anderer mehr von einem Thema verstehen könnte, kam ihm gar nicht. Was immer ein anderer zu sagen hatte, wurde von ihm kritisiert und lächerlich gemacht. Diese Überheblichkeit und Anmaßung wurde bald für andere unerträglich. So distanzierte sich einer nach dem anderen. Und er wunderte sich, daß er keine Beziehung halten konnte. So wurde er depressiv und klagte die anderen an.

Der eine versucht, durch Leistung zu glänzen. Ein anderer durch großspurige Worte. Und wieder ein anderer versucht, durch negatives Reden mehr zu scheinen, als ein anderer: Ein Richter steht über dem Verurteilten. So hebt die Kritik den Kritiker empor und er genießt das Gefühl, auf einen anderen herabsehen zu können.

Auch hinter dieser Kommunikationsform versteckt sich die Angst. *Die Angst, übersehen zu werden. Die Angst, ein Nichts zu sein.* Dieses Gefühl verunsichert; also wird alles versucht, um irgendwie die Aufmerksamkeit der anderen auf sich zu lenken.

Anstatt auf einen anderen einzugehen und zu hören, was der zu sagen hat, beschäftigt sich dieser Mensch nur mit sich selbst. Und während noch der andere redet, überlegt er schon, wie er den anderen übertrumpfen kann.

Es mag sein, daß eine entsprechende Lebensgeschichte dahinter steckt und dieses Gefühl, entthront zu sein, zu einer treibenden Kraft geworden ist, die alte Position zurückzugewinnen.

Es ist unser aller Wunsch, ernstgenommen zu werden. Aber das muß nicht heißen, daß wir überall die erste Geige spielen und von allen anerkannt werden müßten.

Es wäre viel besser, seine eigenen Grenzen realistisch einzugestehen und zuzugeben: »Davon verstehe ich nichts«, und dann zuzuhören, was ein anderer zu sagen hat, ohne sogleich sein eigenes Urteil abzugeben.

Ja, manchmal gewinnt man Menschen, wenn man ihnen Gelegenheit gibt, ihre Erfahrungen und ihr Wissen mitzuteilen, und man profitiert selbst dabei.

Wenn wir von einer Sache nichts verstehen, büßen wir nichts an Beliebtheit ein; warum sollten wir das dann nicht eingestehen?

Bei dieser Kommunikation gilt es, die eigenen Grenzen zu sehen und davon auszugehen, daß wir nicht mit einer außergewöhnlichen Leistung um Anerkennung werben müssen. Solange jedoch das Verhalten von der Angst bestimmt wird, ein Niemand zu sein, kann keine Veränderung geschehen.

Warum wollen wir uns einen unnötigen Leistungsdruck auferlegen? Sollten wir nicht vielmehr auch einem anderen die Chance einräumen, sein Können einzubringen?

4. Die anklagende Kommunikation

Nicht nur Kritisieren, auch Klagen und Jammern kann zu einem Mittel werden, sich selbst zur Geltung zu bringen. Kennen wir nicht alle Menschen, denen es nie gut geht, die auch bei strahlender Sonne auf die Wolken zeigen? Sie finden immer Grund zur Klage. Und sie merken nicht, wie sie mit ihrem Reden die ganze Atmosphäre vergiften. Niemand fühlt sich in solch einer Umgebung wohl. Und dann klagen diese Menschen darüber, einsam zu sein.

Da ist eine ältere, alleinstehende Frau. Sie bewohnt ein kleines Appartement, das sehr hübsch eingerichtet ist. Es ist alles vorhanden. Aber sie sitzt inmitten ihrer wertvollen Möbel und wartet darauf, daß jemand kommt. Wenn dann endlich jemand den Weg zu ihr findet, wird er sogleich mit Vorwürfen überhäuft. Das eine ist nicht recht und jenes müßte anders sein. Die Kirche versagt und die Ärzte taugen nichts; die Kinder gehen ihre eigenen Wege und kümmern sich nicht um ihre Mutter – ihr ganzes Leben ist eine einzige Klage – und Anklage. Voller Bitterkeit und Ressentiments.

Der Besucher fühlt sich schuldig und meint, dieses und jenes anbieten zu müssen, dieses und jenes für sie erledigen zu müssen, so daß er bald das Gefühl hat, eine riesige Bürde sich aufgeladen zu haben, unter der er nun selber ächzt und seufzt.

Wundert es uns, daß sich einer nach dem anderen wieder zurückzieht? Zwar mit schlechtem Gewissen, aber zugleich aus der Hilflosigkeit heraus. Und schließlich schiebt man sie an den »Fachmann«, der jetzt zuständig sein soll. Mag er sie mit Medikamenten eindecken!

Bei diesen anklagenden Menschen ging häufig *in der Kindheit oder Jugend eine große Verwöhnung voraus*. Schon als Kinder hatten sie ihre Bediensteten – vielleicht auch nur eine übereifrige Mutter –, und so haben sie nie gelernt, ihr Leben selbst zu gestalten, Schwierigkeiten zu überwinden und für ihr eigenes Leben Verantwortung zu übernehmen.

Ihre vermeintliche Schüchternheit ist nicht selten nur ein Vorwand für ihr eigene Trägheit. So verbringen sie schließlich den ganzen Tag damit, über die Fehler der anderen nachzudenken und ihr eigenes Schicksal zu bejammern, anstatt positiv ihr Leben mit den Möglichkeiten, die ihnen noch geblieben sind, zu gestalten.

Ihre negative Ausstrahlung verbreitet sich wie eine Seuche und zieht auch andere mit hinein.

Aus Angst, sich ehrlich dem Leben zu stellen und das eigene Versagen zuzugeben, schieben sie den »Schwarzen Peter« dem anderen zu, um selbst als unschuldiges Opfer hervorzugehen.

Erst wenn diesen Menschen die Augen geöffnet werden für das Ausmaß der eigenen Schuld, kann der Heilungsprozeß einsetzen.

5. »Ich-bin-nichts«-Kommunikation

Das Gegenbild zur geltungsheischenden Kommunikation wäre eine Kommunikation, bei der sich einer stets in den Schatten stellt. Solch ein Mensch ist unfähig, ein berechtigtes Lob anzunehmen. Sobald jemand eine Anerkennung ausspricht, wehrt er ab. Hier sprechen wir von einer Ich-bin-nichts-Kommunikation.

Es gibt verschiedene Gründe für solch eine Kommunikationsform. Bei dem einen ist es *Ausdruck einer Depression*, bei der alles eine düstere Färbung erhält und das Gefühl vorherrscht, minderwertig zu sein. Bei einem anderen aber steckt dahinter die *Angst vor einer Erniedrigung oder Entthronung*.

Wenn ich mich selbst erniedrige, kann ich nicht noch tiefer fallen. Und wenn ich mich selbst strafe, erspare ich mir damit die Schmerzen, von einem anderen gestraft zu werden. Und diese Schmerzen, die ich mir selbst zufüge, kann ich auch selbst dosieren!

Es ist schmerzhaft, das eigene Versagen erleben zu müssen. Wenn ich jedoch von vornherein auf mein Versagen hinweise und es überdimensional groß darstelle, werde ich aufgewertet, denn ich fordere damit den anderen heraus, mir zu widersprechen.

Der nach Geltung Heischende prahlt und bläht seine Fähigkeit auf, während der andere seine eigenen Fähigkeiten herunterspielt und alles, was er getan hat, mit Verachtung von sich weist.

Wenn wir mit einem Menschen zusammentreffen, der sich selbst abwertet und herunterspielt, werden wir verunsichert. Wir fühlen uns aufgefordert, ihm zu widersprechen und auf diese und jene Vorzüge hinzuweisen, müssen jedoch oft erleben, daß unser Bemühen mit einer müden Geste abgetan wird.

Es mag sein, daß ein Mensch zutiefst an sich selbst enttäuscht ist. Hier müssen wir in der Tat helfen, die Persönlichkeit Stück um Stück aufzubauen, um ein gesundes Selbstvertrauen herzustellen.

Aber wenn die vermeintliche Demut zu einem Mittel wird, sich selbst interessant zu machen, muß die Kommunikation verändert werden. Solch eine Haltung hat nichts mit der Demut zu tun, von der Jesus spricht.

Zu einer echten Demut gehört auch, daß wir die positiven Eigenschaften und Fähigkeiten dankbar anerkennen als ein Geschenk, das uns von Gott anvertraut wurde.

6. Die sachliche Kommunikation

Eine weitere Verständigungsform ist die sachliche Kommunikation.

Eine sachliche oder auch rationale Verständigung wird vom Verstand bestimmt. Das ist durchaus positiv zu werten; aber wenn bei einer zwischenmenschlichen Beziehung das Gefühl ausgeschaltet wird und einfach nicht mitschwingt, lastet auf dieser Beziehung eine gewisse Starrheit und Kälte.

Der Rationalist hält zu allen Menschen Abstand und läßt keinen an sich heran. Denn er will selbst unerkannt bleiben. Letztlich aber ist sein Verhalten eine Tarnkappe, um sein eigenes verletzbares Selbst dahinter zu verstecken. Aus Angst, vereinnahmt zu werden, will er wie eine unbezwingbare Festung nach außen hin wirken, um jeden, der es wagt, sie zu bestürmen, abzuschrecken.

Es ist naheliegend, daß es sehr schwer ist, mit solch einem Menschen eine Beziehung aufzunehmen oder gar in einer engen Lebensgemeinschaft wie einer Ehe zu stehen.

Ich denke an einen Beamten in den mittleren Jahren. Er war sachlich, distanziert und selbstbeherrscht. In seinem Beruf waren diese Eigenschaften sehr vorteilhaft, und so war er durchaus erfolgreich und wurde von vielen seiner Kollegen beneidet.

Aber seine Familie litt unter dieser seiner distanzierten Art. Er war wie eine wandelnde Statue im Hause. Er blieb unbeteiligt und äußerte sich niemals, weder negativ, noch positiv. Seine Frau war unsicher und wußte nicht mehr, wie sie sich verhalten sollte. Und auch die Kinder wichen ihm schließlich aus, weil sie nicht wußten, wie sie ihrem Vater begegnen sollten. Am einfachsten war es, wenn er außerhalb zu tun hatte.

Seine Frau suchte mich eines Tages wegen ihrer Depressionen auf.

Pflichtbewußt hatte ihr Mann sie bis vor die Praxis begleitet, um sie bei mir abzuliefern. Er tat also durchaus seine Pflicht. Niemand konnte ihm etwas nachsagen oder gar von ihm behaupten, er kümmere sich nicht um seine Familie. Er lieferte pünktlich sein Geld ab, damit die Familie äußerlich versorgt war und regelte alle organisatorischen Angelegenheiten mit äußerster Präzision.

»Wir sind seit zwanzig Jahren verheiratet«, klagte dann seine Frau, »und ich kenne meinen Mann noch immer nicht. Er ist immer vernünftig. Manchmal wundere ich mich, daß er nicht mit dem Schlips ins Bett geht. Er versorgt seine Familie – aber ich habe den Eindruck, er liebt sie nicht.«

Das war ein hartes Urteil. Als ich dann später ihren Mann zu einem Gespräch in die Praxis bat, war er völlig verblüfft. Was hatte die Krankheit seiner Frau mit ihm zu tun? Aber im Laufe des Gesprächs wurde er unsicher. Und dann berichtete er von seinem eigenen Werdegang.

Er war ohne Vater aufgewachsen und von seiner Mutter als privates Eigentum betrachtet worden. Ihr ganzes Leben war auf ihren Sohn fixiert. Sie hatte keine persönlichen Freunde, auch keine Interessen, sie lebte nur für ihren Sohn. Und wenn er dann nach Hause kam, mußte er ihr berichten: von jeder Begegnung, jedem Gespräch. Sie wollte alles wissen. So war er inzwischen 25 Jahre alt geworden, und noch immer mußte er Tag für Tag seiner Mutter Rechenschaft ablegen. Und als er wieder einmal den vergangenen Tag in allen Einzelheiten vor seiner Mutter ausgebreitet hatte, wußte er einen Augenblick lang nichts mehr zu sagen. So entstand eine »Sendepause« von etwa 30 Sekunden. Als könnte die Mutter diese Stille nicht ertragen, fragte sie ihren Sohn: »Was denkst du jetzt?«

Diese Frage hatte die Tür zu seinem Innern zuschlagen lassen. Von dem Augenblick an verstummte er. Von jetzt an sollte niemand mehr erfahren, was in ihm vorging. So riegelte er sich ein. Er blieb freundlich – aber distanziert. Zu seinem innersten Denken und Fühlen gewährte er keinem Menschen mehr Zutritt.

Doch dann heiratete er. Aber zu einer guten Ehe gehört, daß man auch Gefühle miteinander austauscht. Da ist es wichtig, daß einer den anderen wissen läßt: Ich liebe dich!

Und diese Liebe muß sich dann auch im Verhalten beweisen! So wird es ein gegenseitiges Sichöffnen. In einer Ehe, die nur auf einer sachlichen Kommunikation beruht, erfriert die Liebe. So wurde die junge Frau allmählich unsicher. Und in ihrer Ratlosigkeit gestand sie ihrem Mann: »Ich weiß gar nicht, was du denkst.«

Als ob ein rotes Warnlicht aufgeblinkt hätte, vergrub er sich in tiefstes Schweigen. War es nicht die gleiche Frage, die seine Mutter an ihn gestellt hatte? »Sie ist genau wie meine Mutter«, durchfuhr es ihn.

Aber hier ging es nicht um eine Einengung, eine einnehmende Beziehung, sondern um eine eheliche Gemeinschaft.

So fing die Ehe unter dieser Kommunikationsform an zu bröckeln.

Mit einer sachlichen Kommunikation können wir ein gutes Geschäft abschließen, aber keine gute Ehe führen. Denn zu einer Ehe gehört das Gefühl. Gefühle verbinden mehr als Worte.

7. Die gefühlsbetonte Kommunikation

Das Gegenstück zu einer zu sachlichen Kommunikation ist eine zu stark gefühlsbetonte Kommunikation. Hier wird gleichsam der Verstand ausgeschaltet. Das Gefühl beherrscht jede Situation. Und oft kommt es zu unbeherrschten Wutausbrüchen, unkontrollierten Weinkrämpfen, Schreien, Toben – und kurz darauf wieder zu überschwenglichen Zärtlichkeitsbeweisen.

Solch ein Verhalten führt zu einer starken Einengung des anderen, denn das Gefühl wird häufig unbewußt eingesetzt, um einen anderen an sich zu binden. *Es ist also eine besitzergreifende Kommunikation.*

Häufig beobachten wir solch eine Kommunikationsform zwischen einer Mutter und ihrem Kind. Nicht selten erhält die gefühlsbetonte Kommunikation noch einen ängstlichen Akzent. Da wird das Kind mit der eigenen Angst gesteuert und das Leben selbst zum Feind, vor dem das Kind schließlich kapituliert und in die Arme der Mutter flieht.

Eine zu stark gefühlsbetonte Beziehung wirkt sich noch verhängnisvoller aus als eine zu sachliche.

Ein Kind, das auf Gefühl trainiert ist, wird schon durch den Blick seiner Mutter gefügig. Wenn dann diese Geste noch durch einen verbalen Hinweis unterstrichen wird, ist es für ein Kind sehr schwer, eine eigene Entscheidung zu treffen. Oder es fügt sich aus Angst vor einem erneuten Ausbruch der Emotionen.

Diese Kinder werden nur sehr schwer selbständig und innerlich erwachsen.

Es ist gut, wenn bei einer Kommunikation auch Gefühle mitschwingen. Das Gefühl verbindet und gibt einer Beziehung Wärme. Aber Gefühl ohne Distanz erstickt das Leben.

Was steckt nun hinter einer derart gefühlsbetonten Kommunikation? Ist es nur eine Frage des Temperamentes, also der Veranlagung? Diese impulsiv reagierenden Menschen sind oft gutmütig und weich und liegen im Streit mit ihren eigenen Gefühlen und sind ihren Gefühlen hilflos preisgegeben.

Unsere Gefühle dürfen uns jedoch nicht tyrannisieren, sondern wir müssen lernen, sie zu zähmen – und wir können sie steuern, zumindest bis zu einem gewissen Grad, wenn wir geübt sind.

Wer unbeherrscht seinen Gefühlen freie Bahn läßt, wird viel Schaden anrichten. Nicht selten aber steckt dahinter die Angst, dem Leben nicht gewachsen zu sein. So klammert er sich an den, der ihm am nächsten steht, um einen Verbündeten zu wissen.

8. Berieselungs-Kommunikation

Mit der Berieselungs-Kommunikation bezeichnen wir eine Verständigung, bei der der eine ununterbrochen redet, also als Dauerredner fungiert. Es gibt viele schwatzhafte Menschen, bei denen ist das Reden wie eine Sucht, fast ein Zwang. Es ist ein pausenloses Plappern, wobei der andere überhaupt keine Chance hat, sich selbst einzubringen. Und wenn es ihm schließlich gelingt, so fällt der Redegewandte sogleich wieder ein, um dort fortzufahren, wo er unterbrochen wurde.

Hier ist letztlich keine Kommunikation möglich, weil eine Kommunikation ein Gegenüber braucht. Es ist im Grunde ein nicht endender Monolog.

Ich erinnere mich an ein Ehepaar. Kaum hatte die Frau das Sprechzimmer betreten, fing sie an zu reden. Und sie redete und redete. Und alles, was sie vorbrachte, war eine einzige Anklage. Niemand machte es ihr recht. Alle hatten versagt. Von der Mutter bis zu ihrem Ehemann. Und natürlich taugten auch die Kinder nichts; denn die Lehrer waren kein gutes Vorbild und die Kameraden übten einen schlechten Einfluß aus.

Aber der eigentliche Sündenbock war doch ihr Mann, der es nie verstanden hatte, ihre Begabung zu fördern und ihr den Platz zu geben, der ihr – ihrer Meinung nach – zustand.

Während sie eine negative Seite ihres Mannes nach der anderen aufzählte, was er getan und nicht getan hatte, saß er in sich zusammengesunken im Sessel und schwieg. Zwischendurch nahm er einen verzweifelten Anlauf, um sie zu unterbrechen, aber sie beachtete ihn nicht. Sie redete und redete. Sie redete von Nachbarn und Verwandten und davon, wie man sie beim Einkaufen betrog. Wieder wollte der Mann etwas einwenden, wurde überhört und stummgeredet, und schließlich wagte er nur ein hilfloses

»Hallo! Hallo!« als wollte er seiner Frau begreiflich machen: Ich bin doch auch noch da.

Es war fast unmöglich, diesen Redefluß zu stoppen. Und wenn es für ein paar Sekunden endlich gelang, so war es hernach wie bei einem Deichbruch, wo sich das Wasser mit desto größerer Wucht Bahn brach.

Und während sie noch redete, brummelte der Mann vor sich hin: »Gibt es keinen Riegel, den man ihr vorschieben kann? Bei meinem Radio gibt es einen Knopf. Dann ist es still.«

Aber diesen Knopf gab es bei ihr nicht.

Wenn es sich bei diesen redesüchtigen Menschen um ältere Alleinstehende handelt, die noch viel Interessen haben, jedoch wenig Gelegenheit finden, diese ihre Interessen mit einem anderen zu teilen, wäre solch eine Redensflut noch verständlich. Als müßten sie die kostbaren Minuten des Zusammenseins ausnutzen. Aber nicht selten handelt es sich dabei um verheiratete Frauen oder auch Männer, die entweder voll in ihrer Familie integriert oder noch im Arbeitsprozeß eingegliedert sind. Mit diesen Menschen umzugehen, ist oft eine Qual.

Doch auch hinter solch einer extremen Schwatzhaftigkeit kann sich Angst verbergen. *Angst, nicht beachtet zu werden.* Angst, *übersehen zu sein, vergessen;* Angst, *zu kurz zu kommen.*

9. Die schweigende Kommunikation

Das Gegenbild vom Dauerredner wäre der Schweiger. Aber – so mögen wir fragen – ist die schweigende Kommunikation überhaupt eine Kommunikation? Kann man auch ohne Worte mit einem anderen kommunizieren? Oh ja! Mit einem Schweigen können wir sehr viel ausdrücken, denn auch ein Schweigen kann sehr beredt sein.

Jemand mag *schweigen, wenn er nichts zu sagen hat* oder wenn er erkennt, daß *die Front so verhärtet ist, daß jedes Wort diese Mauer nur noch festigen würde.* Aber dann muß dieses Schweigen nur auf dieses bestimmte Thema begrenzt bleiben, etwa im Sinne eines »Waffenstillstandes«, daß dieses Thema eine Zeitlang ruht, bis jeder seine unterschiedliche Position noch einmal überdacht hat. Und später – vielleicht nach Wochen – steht das Ganze in einem anderen Licht. Dann kann unter neuer Voraussetzung noch einmal der Versuch einer Verständigung unternommen werden.

Es gibt also ein Schweigen, das in einer bestimmten Situation angebracht ist, das dann ein Zeichen der Weisheit ist.

Manchmal ist die Stunde für ein Wort noch nicht reif. Da ist der andere nicht vorbereitet, um die Wahrheit zu verkraften. Oder auch einfach nicht bereit, weil er mit Entschlossenheit seinen vernichtenden Kurs weiter verfolgt, wie etwa bei dem Verhör Jesu unter Pilatus oder dem König Herodes (vgl. Luk. 23,9; Joh. 19,9).

Schweigen kann auch Verachtung ausdrücken und *Trotz* oder *tiefste Ablehnung.* Aber solch eine Menschenverachtung ist äußerste Überheblichkeit. Der andere ist es wert, daß ich mich ehrlich ihm zuwende und mich ihm mitteile – auch wenn er mir nicht paßt. Er hat ein Recht auf meinen Beitrag.

Schweigen kann auch *ein strategisches Spiel* werden. Wenn jemand schweigt, kann es zunächst aus Verlegenheit sein. Da fehlen die Worte. Jemand ist sprachlos, also ohne Worte. Diese Sprachlosigkeit ist dann Zeichen einer Ohnmacht. Solch eine Ohnmacht aber wird als Niederlage empfunden. Und solch eine Niederlage ist man nicht ohne weiteres bereit einzustecken, also versucht man, aus der Schwäche eine Stärke zu machen, um den anderen schließlich doch noch zu bezwingen. Denn wenn jemand schweigt, bedeutet es: Das letzte Wort ist noch nicht gesprochen. Damit hat man *eine Waffe* in der Hand, einen anderen gefügig zu machen. Denn wenn jemand einen ganzen Tag schweigt oder sogar zwei und drei Tage nicht mehr mit seinem Partner redet, dann wird aus dieser Ohnmacht eine Macht. Und an solch einer Machtdemonstration prallen alle Verständigungsversuche ab. So kann dieses Schweigen unmißverständlich dem anderen deutlich machen, was einer vom anderen denkt.

Aber das ist keine faire Kommunikation. Der einzelne muß lernen, auch sein Unbehagen angemessen zum Ausdruck zu bringen.

Nun kann es auch sein, daß jemand *aus Angst schweigt*, weil er sich den scharfen Angriffen nicht gewachsen fühlt und fürchtet, zu unterliegen. Doch eine offene Kommunikation kann manchmal Wunder wirken. Vielleicht stellt sich dann plötzlich heraus, daß der andere gar nicht solch ein reißendes Tier ist. Vielleicht kommt sogar eine ganz neue Saite seines Gegenübers zum Schwingen.

Ich erinnere mich an eine sehr unglückliche Familienkonstellation. Die Familie wurde im Grunde nur durch die täglichen Streitigkeiten zusammengehalten. Die älteste Tochter war bemüht, diesen endlosen Diskussionen aus dem Wege zu gehen, sie fühlte sich unterlegen und konnte ihre Gedanken nicht so formulieren wie die anderen Familienmitglieder. So schwieg sie, mit dem Ergebnis, daß die anderen Familienglieder sie zur Zielscheibe ihres Spottes machten. – Eines Tages faßte sie den Entschluß, sich dieser Schwierigkeit zu stellen und sagte ganz ungeschützt: »Ich verstehe wohl alles, was ihr sagt; aber ich kann meine eigenen Gedanken nicht so gut formulieren wie ihr, manchmal weiß ich selbst nicht einmal genau, was ich denke. Wenn ihr einverstanden seid, kann ich stiller Beobachter sein.« Zu ihrer eigenen Überraschung wurde dieser Vorschlag akzeptiert, und die Sticheleien hörten auf.

Reden und Schweigen muß in einem richtigen Verhältnis stehen, wenn eine Kommunikation gesund sein soll.

Wenn unterschiedliche Auffassungen bestehen, so ist das kein Unglück, sondern viel eher Zeichen der Vielfalt. Wir müssen es lernen, einander in unserer Andersartigkeit stehen zu lassen, ohne sogleich bemüht zu sein – den anderen in unsere Denkform zu pressen. Das erfordert Großmut – und auch ein Stück Humor.

10. Die altruistische Kommunikation

Als nächstes möchten wir eine Kommunikationsform erwähnen, die wir im Rahmen eines sog. Helfersyndroms bereits in einem unserer Bücher angedeutet haben: die altruistische Kommunikation (s. *Das verlorene Ich*, R. Brockhaus Taschenbuch Bd. 368, S. 46). Hier wird der andere Objekt, um sich selbst aufzuwerten. Und wenn der andere nicht hilflos ist, wird er hilflos gemacht. Alle Kraft ist auf den anderen konzentriert und auf die Hilfe, die man ihm zuteil werden läßt.

Es ist sicherlich erstrebenswert, daß ein Mensch von seiner eigenen Bedürftigkeit wegsieht und den anderen wahrnimmt. Aber wenn alle Gedanken und alles Mühen sich um den anderen drehen, so wird das Helfen-wollen für den anderen zur Last, die letztlich eine Fessel ist. Wieder haben wir es mit einer einengenden Beziehung zu tun.

Solch eine Kommunikationsform basiert letztlich auf dem *Minderwertigkeitsgefühl und der Angst, niemand zu sein*. Erst dadurch, daß man gibt und sich verausgabt, also über das Maß hinaus sich an den anderen verschwendet, hofft man, Anerkennung zu ernten und Lob bei Menschen – und bei Gott.

Es ist gut, wenn wir füreinander da sind und mit wachen Augen erkennen, wenn der andere uns braucht. Aber es wäre falsch, den anderen zu einem hilfsbedürftigen Wesen zu machen und ihn in Passivität hineinzuzwängen durch unsere Überaktivität, mit dem heimlichen Ziel, ihn von uns abhängig zu machen, und somit unseren eigenen Wert zu steigern.

Manche missionarische Aktivität wird hier in Frage gestellt. Auch gibt es ein selbstgebasteltes Märtyrertum, das nicht von Gott gewollt ist, sondern das nur dazu dient, den eigenen Namen groß zu machen.

Wahre Liebe vergißt sich selbst. Aber bei der altruistischen Kommunikation beobachten wir uns selbst und spenden uns selber Lob. Da wird die Schwachheit des andern mißbraucht, um sich an der eigenen Stärke zu erfreuen.

11. Die narzistische Kommunikation

Die narzistische Kommunikation ist nichts anderes als eine Selbstreflexion. Diese Menschen sind auf sich selbst fixiert.

Bei der altruistischen Kommunikation wird der andere gleichsam als Vorwand benutzt, um sich selbst zur Geltung zu bringen. Auch bei der narzistischen Kommunikation dient der andere dem eigenen Vorteil. Er ist ein Gegenüber, in dem man sich selbst spiegeln will.

Diese narzistischen Menschen sind im tiefsten nicht gemeinschaftsfähig. Sie sind unentwegt mit sich selbst beschäftigt. Alles Reden dreht sich nur um die eigene Person.

Sie lassen nichts unversucht, um die Aufmerksamkeit des anderen auf sich zu lenken. Am besten gelingt ihnen das durch eine beachtliche Krankheitsgeschichte. Jede Operation, jeder Arztbesuch, ja, jede Behandlungsmethode wird ausführlich geschildert, als wollte man sich im eigenen Leiden baden.

Und wenn dann ein anderer auch seine Erfahrungen aufzählt, ist es wie ein Wettkampf, wer von beiden das schwerere Los gezogen hat. So wird die durchlittene Krankheit oder das erlebte Schicksal zu einem Wertmesser. Je schwerer das Leid, desto größer die Anerkennung – so jedenfalls meinen sie.

Diese Menschen können kaum über ein sachliches Thema reden. Alles muß auf sie bezogen sein. Mit ihrem egozentrischen Denken machen sie sich zum Mittelpunkt der Welt.

Aber steckt dahinter nicht letztlich Angst? *Die Angst, unbeachtet* zu bleiben? *Von keinem bewundert zu sein?* Die Angst, *nicht geliebt zu werden?*

Wenn man mit diesen Menschen in einen näheren Kontakt kommt, zeigt sich ihr *instabiles Selbstwertgefühl*. Ihr Leistungsstreben ist derart stark ausgeprägt, daß – wenn sie nicht auf positivem Wege Anerkennung erlangen, sie mit ihrer negativen Leistung zu imponieren versuchen.

12. Die verschobene Kommunikation

Obwohl wir bereits wiederholt in unseren Büchern auf diese Kommunikationsform hingewiesen haben, wollen wir hier noch einmal darauf eingehen, da diese Form einer Verständigung sehr verbreitet ist und zugleich viel Verwirrung stiftet.

Wir verständigen uns mit Hilfe der Sprache. Und in der Regel müssen wir dieselbe Sprache reden, um von den andern verstanden zu werden. Aber neben der sogenannten verbalen Kommunikation gibt es auch die nicht-verbale Kommunikation, d.h. auch ohne Worte können wir einem anderen begreiflich machen, was wir meinen. Das kann durch unsere Mimik sein oder auch durch unsere Gesten. Zumeist bedienen wir uns beider Kommunikationsformen gleichzeitig. Ja, Gestik und Mimik verleihen unserer Beziehung erst eine gewisse Lebendigkeit.

Mit unserer Mimik können wir ein hartes Wort abschwächen oder eine sonst verletzende Bemerkung humorvoll umkleiden. Nicht umsonst heißt es: Der Ton macht die Musik.

Normalerweise ist es so, daß das, was wir sagen, und das, was wir mit unserer Gestik ausdrücken, übereinstimmt. Doch häufig haben wir es mit einer gestörten Kommunikation zu tun, wobei die Sprache, die wir akustisch wahrnehmen, sich nicht mit dem Gefühl deckt, das uns zugleich vermittelt wird. Hier also sprechen wir von einer verschobenen oder auch verschleiernden Kommunikation. Gerade diese versteckte Schwingung, dieser heimliche Appell, der nicht greifbar oder hörbar wird und doch das Gegenüber zu manipulieren sucht, vergiftet eine Beziehung.

Vor allem *selbstunsichere Persönlichkeiten* wählen gerne eine verschobene oder auch doppelte Kommunikation *aus Angst, kritisiert zu werden.*

Diese Menschen leben von der Anerkennung durch andere. Aus Angst, die Zustimmung eines anderen zu verlieren, wählen sie eine doppeldeutige Verständigungsform, so daß ihnen stets ein Fluchtweg offen bleibt. Niemand kann ihnen beweisen, daß sie je etwas anderes ausdrücken wollten. Sie lassen sich nicht fangen – doch legen sie ihre Fußangeln aus, daß der andere sich darin verfängt.

Ich kenne Menschen, deren versteckte Botschaften ständig entschlüsselt werden müssen. Der Umgang mit diesen Menschen ist ausgesprochen schwierig. Spricht man sie auf ihre versteckte Mitteilung an, verteidigen sie sich sogleich und zeigen sich empört, daß man ihnen derartige Gedanken unterstellt hat.

Auch durch eine Halbwahrheit oder ein bewußtes Verschweigen, ja, schon durch eine scheinbar unbedeutende Akzentverschiebung kann eine Situation völlig entstellt wiedergegeben werden. Daher ist Unwahrhaftigkeit – ganz gleich in welcher Form – keine Basis für eine gesunde Kommunikation.

Hier muß ein Training zur Wahrhaftigkeit einsetzen.

Da gilt es zu überprüfen, ob das Ja wirklich ein Ja und das Nein ein Nein bedeutet.

Und ob das, was man »Liebe« nennt, nicht vielmehr wie ein Köder ausgeworfen wird, um für sich selbst Liebe und Anerkennung zu erzwingen.

Eines Tages wurde ein junges Mädchen in einem sehr erregten Zustand zu mir gebracht.

»Meine Tochter ist verrückt geworden«, erklärte die Mutter. Und dann berichtete sie, sie habe ganz harmlos »komm« gesagt, daraufhin sei die Tochter mit erhobener Faust auf sie zugestürzt und habe sie angebrüllt.

Und während die Mutter noch berichtete, schrie die Tochter dazwischen:

»Du sagst: Komm! Aber sooft du ›Komm‹ gesagt hast, wußte ich nie, ob ich kommen oder lieber gehen sollte.«

»Natürlich kommen –«

»Aber mit deinen Blicken schickst du mich weg.«

»Das ist deine Unterstellung!«

»Du weißt dich immer herauszureden.«

»So wahr ich hier stehe –«

»Ja, das sagst du immer und gibst den anderen die Schuld. Und du bist unantastbar.«

Jetzt wurde die Mutter erregt und schrie die Tochter an:

»Du kannst mir nichts nachsagen.«

»So?«

Die Mutter versuchte sich, zu beherrschen, indem sie ruhiger fortfuhr:

»Ich habe alles für dich getan. Ich habe sogar meine Karriere für dich geopfert, ich –«

Aber die Tochter ließ sie nicht zu Ende reden und sagte:

»Ja, du hast geschuftet, alles getan – aber du hast mich nie geliebt.«

Das war eine niederschmetternde Anklage. Hatte das Mädchen nicht recht? Durch den erhöhten Einsatz hatte die Mutter versucht, den Mangel an Liebe zu überdecken. Um ihr Schuldgefühl jetzt zu kompensieren, war die Mutter bemüht, das Kind zu umsorgen, denn so gehörte es sich ja für eine gute Mutter. Aber all die Aktivität konnte das Kind nicht überlisten. Es spürte genau, daß dahinter keine Liebe stand. So wollte sich das Kind von der Mutter abwenden. Aber das wiederum konnte die Mutter nicht zulassen, aus Angst, dadurch könnte ihre mangelnde Liebe auch vor anderen offenkundig werden. So fing sie an, ihr Kind durch überhöhte Zuwendung an sich zu binden – und stieß es doch innerlich von sich weg.

Dieses Komm-her und Geh-weg in einem Atemzug wurde für das Kind unerträglich. Es war total orientierungslos und wußte keinen Rat mehr.

(Siehe: *Achtung, Fehlschaltung!* R. Brockhaus Taschenbuch Bd. 313, S. 117ff.)

Alle diese Kommunikationsformen führen zu einer gestörten zwischenmenschlichen Beziehung. Natürlich gibt es noch zahlreiche Mischformen, aber diese hier beschriebenen sind wohl am häufigsten zu beobachten.

Wenn nun das Miteinander nicht funktioniert und wir den Eindruck haben, niemand versteht mich; wenn unsere Ehe krankt und unsere Familie innerlich zerrissen ist; wenn das Verhältnis zu unseren Kollegen gespannt ist und wir nicht zurecht kommen – dann sollten wir über unsere Kommunikation nachdenken und überprüfen, wie wir uns verständigen.

III. Was geschieht bei einer Kommunikation?

Eine Kommunikation ist einem Instrument vergleichbar mit verschiedenen Saiten, die zum Klingen gebracht werden. Wer ein Instrument beherrschen will, muß wissen, wie er damit umzugehen hat, d.h. er muß sich mit dem Instrument vertraut machen. Er kann nicht einfach drauflos spielen.

In der Musik erscheint uns dieser Gedanke selbstverständlich; aber das gleiche gilt auch für die zwischenmenschliche Beziehung. Wir müssen das Instrument der Kommunikation kennenlernen, um zu wissen, wie wir darauf spielen können, und dann auch lernen, welche Saiten durch unser Spiel in dem anderen zum Schwingen gebracht werden. Erst wenn wir wissen, wie die Töne erzeugt werden und welchen Part der Mitspieler dabei übernimmt, können wir beginnen, gemeinsam eine Melodie hervorzubringen, die harmonisch klingt. So lassen sich durch Erkennen und Anwenden des Erkannten manche Mißtöne vermeiden.

Bleiben wir bei dem Bild des Instrumentes, so können wir von vier verschiedenen Saiten sprechen, die jeweils zum Klingen gebracht werden.

Die erste Saite wäre das gesprochene Wort, also die verbale Botschaft, die zum Ausdruck gebracht und von einem anderen empfangen wird. Aber diese Mitteilung allein ist noch keine Kommunikation.

Es klingt nun zugleich eine zweite Saite mit. Und diese zweite Saite offenbart ein Stück von dem »Spieler« selbst und zeigt, wie glaubhaft er seinen Part spielt, bzw. wie er zu seiner Botschaft steht. Wenn wir beispielsweise hören, daß jemand seinen eigenen Wunsch hinter den Worten zu verstecken versucht: »Man sagt« oder sogar »Gott will« dies oder das, so ahnen wir u.U. dahinter die Angst, daß der andere glaubt, selbst nicht aussagekräftig genug zu erscheinen oder von uns abgelehnt werden zu können. So verrät uns gerade diese Ausdrucksweise seine innere Unsicherheit. Aber es wäre verkehrt, sich hinter einer anderen Autorität verstecken zu wollen. Eine gewisse Angst vor der Selbstoffenbarung hat sicherlich auch eine Berechtigung; aber es wäre besser zu sagen: »Ich meine« oder »ich möchte« oder »ich sehe die Sache so...«

Die dritte Saite, die zum Schwingen gebracht wird, ist die Beziehung, d.h. in welchem Verhältnis ich zu meinem Gegenüber stehe oder auch welches Bild ich von ihm habe.

Hier können wir uns wiederum im »Ton vergreifen«, sei es, daß ein bestimmtes Bild in den anderen hineinprojiziert wird, oder daß wir ganz einfach nicht den Menschen sehen, den wir vor uns haben. Da wird das Kind nicht als Kind behandelt, sondern als Partner-Ersatz; da soll der Ehemann die Rolle des Vaters übernehmen, und von der Ehefrau wird erwartet, daß sie die Mutterstelle vertritt, oder der längst verheiratete Sohn wird wie ein Kind behandelt. Solch eine Erwartung wird einem anderen durch die entsprechende Kommunikation übermittelt. Weil aber diese Rolle nicht der Realität entspricht, kann der andere nicht mitschwingen. So kommt es zu einer Disharmonie.

Nicht nur die Beziehung zu dem anderen spielt eine Rolle, sondern auch die Beziehung zu mir selbst, wie ich mich selbst einschätze, und wie ich mit meinen eigenen Problemen umgehe.

Die Beziehungs-Saite ruft bei dem anderen eine jeweilige Echo-Wirkung hervor, wobei eine gegenseitige Rollenverteilung im stillen festgelegt wird.[*]

Die vierte Saite ist die eigentliche Absicht, die bewußt oder unbewußt durch das »Spiel« verfolgt wird. Da

2 *Miteinander reden:* Störungen und Klärungen von F. Schulz v. Thun, rororo 86

empfängt der eine die Aufforderung: »Du mußt mir helfen«, oder ein anderer: »Laß mich in Ruhe«. Ein weiterer fühlt sich zum Mitleid aufgerufen und wieder ein anderer spürt die verborgene Menschenverachtung. So hat jede der zuvor aufgeführten Kommunikations-Formen ihren spezifischen Appell, der verbal nicht unbedingt zum Ausdruck kommen muß, aber als Schwingung bei dem anderen ankommt – und nun wiederum bei ihm eine entsprechende Saite zum Mitschwingen bringt.

Je sensibler ein »Spieler« ist, desto mehr wird er dazu neigen, seinen Appell zu verpacken und zu verstecken. Aber gerade solch eine Kommunikation ruft Widerstand hervor.

Wenn ich also bei meinem Gegenüber die Appell-Saite vernehme, fühle ich mich aufgefordert, seiner Erwartung entsprechend zu reagieren. Da muß ich mich entscheiden, ob ich seiner unausgesprochenen Erwartung entspreche und das »Spiel« mitspiele oder ob ich mich verweigere.

Diese vier Saiten bringen also jedesmal auch die Saiten des Mitspielers oder Gegenübers zum Schwingen, denn all diese Saiten sprechen das Gefühl an. Um nun zu vermeiden, daß unnötige Mißtöne hervorgebracht werden, müssen wir die vier Saiten aufeinander abstimmen.

Wenn die einzelnen Saiten übereinstimmen und das, was ich sage, mit dem identisch ist, was ich beabsichtige, sprechen wir von einer *kongruenten Kommunikation*.

Dann werden nämlich auch die passenden Saiten meines Gegenübers zum Mitschwingen gebracht und er muß nicht den versteckten Appell ertasten, sondern kann vielmehr spontan »einstimmen«. Das setzt jedoch voraus, daß auch er sein Instrument richtig gestimmt hat!

Das Stimmen muß mit Fingerspitzengefühl erfolgen, sonst zerreißt die Saite. Auch dieses Bild können wir auf die zwischenmenschliche Beziehung übertragen. Um jeden Preis sich selbst dem anderen offenbaren oder die Fassade des anderen herunterreißen zu wollen, fördert keine gesunde Kommunikation, sondern belastet nur unnötig. (Außerdem treffen manche Deutungen und Vermutungen einfach nicht zu.) Manchmal ist auch die Zeit noch nicht reif aufzudecken; da ist es barmherziger und weiser zu warten.

Wenn Jesus seinen Jüngern in Johannes 16,12 sagt: »Ich habe euch noch viel zu sagen, aber ihr könnt es jetzt nicht ertragen –«, so ist das kein Vorenthalten der Wahrheit, sondern ein Akt der Barmherzigkeit.

IV. Die gesunde Kommunikation

1. Von der Wahrheit

Das, was wir reden, ist letztlich Ausdruck dessen, was wir sind. Denken, Reden und Sein stehen in einer engen Wechselbeziehung zueinander.

Wenn wir Wert legen auf eine gute Kommunikation, muß sich das, was wir reden, mit dem decken, was wir sind, wobei unser Sein stärker redet als alle Worte. Das bedeutet: Unsere Wahrhaftigkeit ist gefragt – und unsere Liebe. Denn eine gute Kommunikation ruht auf zwei Säulen: Wahrheit und Liebe. Diese beiden gehören zusammen. Wahrheit allein genügt nicht. Denn Wahrheit ohne Liebe ist grausam. Aber Liebe ohne Wahrheit ist keine Liebe. Darum gehören Wahrheit und Liebe zusammen.

Wieviel Unwahrhaftigkeit zeigt sich in unserem menschlichen Miteinander, wieviel Verschleierung, Halbwahrheiten, Akzentverschiebungen usw. Jede Form der Unwahrhaftigkeit aber muß eine zwischenmenschliche Beziehung belasten.

Die Wahrhaftigkeit ist eine Grundvoraussetzung in der Kommunikation.

Es mag sein, daß diese Wahrhaftigkeit eine Trennung herbeiführt, und verständlicherweise möchte man eine Spaltung vermeiden. So schweigt manch einer auf Kosten der Wahrhaftigkeit.

In der Tat kann die Wahrheit manches Mal dazu führen, daß man verschiedene Wege geht. Häufiger aber ist sie wie das Messer eines Chirurgen, das einen Heilungsprozeß einleitet.

Wenn wir uns zur Wahrhaftigkeit entschlossen haben, bedeutet das, daß unsere Aussage schlichter wird, unmißverständlicher und durchschaubarer. Jeder von uns weiß, wie wichtig das ist – und auch, wie schwer durchführbar.

»Legt die Lüge ab und redet die Wahrheit, ein jeder mit seinem Nächsten, weil wir untereinander Glieder sind«, schreibt der Apostel Paulus in Epheser 4,25.

Hier begründet er das Streben nach Wahrhaftigkeit damit, daß wir zu einem Leib gehören, dessen Haupt Jesus Christus ist. Und derselbe Christus hat von sich gesagt: »Ich bin die Wahrheit« (Joh. 14,6).

Wenn Er, unser Haupt, Wahrheit ist, müssen auch wir als seine Glieder der Wahrheit dienen. Wenn wir die Wahrheit verraten und uns der Lüge zuwenden, lösen wir uns vom Leib Christi. Das aber käme einer Amputation gleich. Und damit wären wir lebensunfähig. Abgestorben.

»Legt die Lüge ab und redet die Wahrheit!« Das ist ein Befehl, der nicht zur Diskussion auffordert, sondern zum Gehorsam.

Wenn uns dieser Befehl erteilt wird, so bedeutet das zugleich, daß es möglich ist, die Wahrheit zu reden.

Die Wahrheit ist zumeist sehr einfach. Je komplizierter und verwickelter eine Aussage ist, desto mehr entfernen wir uns von der Wahrheit.

2. Vom Hören

Wir sollen nicht nur die Wahrheit reden, sondern auch lernen zu *hören*. Daher ist die Voraussetzung für eine gute Kommunikation, daß wir fähig werden zu hören.

Wie sieht das praktisch aus?

Wer bis dahin dazu neigte, viel zu reden, übe sich jetzt darin, einmal den anderen zu Wort kommen und ihn auch ausreden zu lassen.

Wenn der eine merkt, daß der andere zu scheu ist, sich zu äußern, oder zu verunsichert, dann kann er ihn mit einer Frage herausfordern. Und diese Frage zeigt dem andern dann auch, daß man an ihm interessiert ist. So findet er leichter den Mut, sich mitzuteilen.

Hinhören bedeutet, die Gedanken eines anderen mitdenken, von seinem Standpunkt aus eine Sache zu beurteilen. Wenn wir hören, wenden wir uns einem anderen zu, der etwas sagen will.

Wie oft wartet jemand nur voller Ungeduld auf den Augenblick, an dem er selbst zu Wort kommen kann. Ja, er kann kaum das Atemholen abwarten, um seinerseits eine Einstiegsmöglichkeit zu finden, damit er seine Meinung vortragen kann.

Das ist eine Frage der Selbstzucht. Und hier können wir systematisch trainieren. Denn eine gute Kommunikation ist erlernbar.

Wenn einer redet, hat der andere zu schweigen – wobei allerdings auch der Redende dem Hörenden Zeit »abtreten« muß, um nicht den anderen zu beherrschen.

Wenn jemand sich in einen Monolog hineingeredet hat und der andere keine Möglichkeit findet, diesen Redefluß zu unterbrechen, ist keine Kommunikation möglich. Dauerredner sind innerhalb einer Gemeinschaft sehr problematisch. Und das Tragische ist, daß sie es häufig selbst nicht einmal merken!

Reden kann zu einer Sucht werden. Sich von einer Sucht zu befreien, erfordert Kraft und Entschlossenheit. Und manchmal brauchen wir den anderen, der uns zurecht hilft. Das kann dann etwa so aussehen, daß wir humorvoll und freundlich den anderen auf seine Redefreudigkeit hinweisen und ihm damit helfen, gemeinschaftsfähig zu werden – oder umgekehrt, daß wir auf den Hinweis eines anderen eingehen und anfangen zu hören.

3. Vom Reden und Schweigen

Ilse war eine junge Frau in den Dreißigern. Sie litt darunter, keine bleibenden Kontakte schließen zu können. Ihre Beziehungen waren oberflächlich und nicht von Dauer. Der Grund ihrer Isolation lag in *ihrer großen Selbstunsicherheit. Sie ging davon aus, daß sie immer über ein Thema reden müsse, also ihrem Gegenüber jedesmal einen interessanten Gesprächsstoff liefern müsse.* Sie war jedoch keine Rednerin.

Sie verstand es zuzuhören, darin lag ihre Stärke.

Aber nun setzte sie sich selbst unter einen Leistungszwang, indem sie glaubte, reden zu müssen. So wurde ihr Verhalten verkrampft, unnatürlich. Sie bemühte sich, eine Rolle zu spielen, die ihrer Meinung nach bei anderen Anerkennung findet. Dieser Leistungsdruck aber ermüdete sie sehr schnell. So begann sie, sich immer schon bald mit ihrer Müdigkeit zu entschuldigen, und so entzog sie sich jeder Gesellschaft.

Nun war sie aber durch ihren Beruf gezwungen, mit anderen Menschen zusammenzukommen. Da beobachtete sie sich und steigerte sich immer mehr in ihre Unsicherheit hinein, daß sie in Schweiß geriet und anfing zu zittern.

So sehr sie sich auch bemühte, diese Hemmschwelle zu überspringen, es gelang ihr nicht.

Eines Tages stand wieder eine Besprechung bevor. Bei allen bisherigen Besprechungen war sie nur auf sich konzentriert, daß sie kaum wahrnahm, was geredet wurde. Sie beobachtete sich unentwegt und wußte nicht, wie sie sich bewegen sollte. Auch anderen fiel ihre übergroße Schüchternheit auf. Und das verunsicherte sie noch mehr. Doch an diesem Morgen sagte sie sich: »Gut, ich bin kein Redner. So will ich Hörer sein. Das ist jetzt meine Rolle.« Dieser Entschluß brachte ihr eine große Entspannung. Es war, als würde der Leistungsdruck von ihr abfallen. Jetzt konnte sie sich auf den anderen konzentrieren und auf das, was er zu sagen hatte, ohne mit dem beschäftigt zu sein, was sie dazu beitragen könnte.

Wenn nun zwei Schweiger zusammentreffen, kann es sein, daß Stunden vergehen, ohne daß ein Wort gesprochen wird. Aber selbst solch eine Sendepause kann entspannend sein, wo jeder loslassen kann, ohne bemüht zu sein, sich selbst zur Schau zu stellen.

Auch im täglichen Miteinander begegnen wir uns als Menschen ohne Programm und ohne Vorbereitung. Es geht ja nicht darum, daß wir in einem sorgfältig vorbereiteten Referat vor dem anderen glänzen und ihm mit unseren Kenntnissen imponieren. Unser Wesen kommuniziert mehr als unsere Worte. Wenn wir daher einander in echter Menschlichkeit begegnen, ist das mehr wert als ein hochgeistiger Beitrag.

Anders verhält es sich, wenn das Schweigen Ausdruck einer Trotzhaltung ist oder Zeichen der Überheblichkeit und des Stolzes. Da muß der Mensch an seiner Einstellung arbeiten und lernen, aus seiner Ohne-mich-Haltung herauszukommen, um einen positiven Beitrag zu erbringen. Solch ein menschenverachtendes Schweigen ist nichts anderes als eine Schuld, die der Vergebung bedarf.

Hören und reden. Diese beiden verhalten sich wie zwei Pole zueinander. Wenn der eine fehlt, strömt es nicht. Da fließt kein Strom. Oder es kommt zu einem Kurzschluß, einer Störung.

Nun genügt es nicht, nur äußerlich das Gleichgewicht herzustellen; es kommt vielmehr darauf an, wie wir hören und was wir reden. Das heißt, *unsere Einstellung dem anderen gegenüber ist entscheidend*, ob wir ihm positiv oder negativ begegnen.

4. Vom Annehmen

Wo zwei Menschen zusammen sind, kommt es häufig zu unterschiedlichen Meinungen. Das ist verständlich. Da gilt es, den anderen in seinem Anderssein zu akzeptieren, ohne zu versuchen, ihn in unser eigenes Bild umzuprägen. Das bedeutet: *Wir müssen einander* in der jeweiligen Eigenart *annehmen.*

»Nehmt einander an«, sagt der Apostel, »so wie Christus euch angenommen hat« (Röm. 15,7).

Wenn wir den anderen annehmen, erkennen wir ihn an, auch wenn er einen anderen Standpunkt vertritt als wir selbst.

Jede menschliche Aussage ist vorläufig und nur ein Teilaspekt. *Wir müssen es lernen, die Meinung eines anderen gelten zu lassen,* ohne ihn zugleich von unserer eigenen Anschauung überzeugen zu wollen. Und in der Tat kann man eine Sache manches Mal sowohl von der einen, als auch von einer anderen Perspektive her sehen.

Wieviel Streit entzündet sich hier, wieviel Bitterkeit, Verletzungen entstehen dadurch, daß wir den anderen umerziehen wollen, bis er in unsere Form paßt, anstatt ihn anzunehmen in seiner jeweiligen Eigenart und Eigenprägung!

Das bedeutet ja nicht, daß wir alles gutheißen sollen, was der andere sagt oder tut. Wir können durchaus unseren Standpunkt vertreten. Aber wir können nicht von einem anderen erwarten, daß er genauso denkt wie wir.

Gerade in christlichen Kreisen kann dadurch viel Not entstehen. Hier gilt es, einander in seinem Anderssein anzunehmen. Das aber bedeutet: Wir müssen lernen, flexibel zu sein und nicht starr auf unserer Meinung und unserem Standpunkt zu beharren; wir müssen uns vielmehr auf den Standpunkt des anderen stellen und versuchen, auf seine Argumente einzugehen. Vielleicht können wir beide Ansichten zusammenfassen und so ein abgerundetes Bild erhalten. Wenn wir den anderen gelten lassen, ihn nicht sogleich aburteilen, können wir vielleicht eine gemeinsame Lösung finden. So fühlt der andere sich von uns akzeptiert. Und andererseits, wenn wir erkennen, daß unsere Behauptung nicht richtig war, können wir zurücktreten und ohne Scheu zugeben: Ich habe mich geirrt. Das ist viel eher ein Zeichen der Reife, als wenn wir an unserer bisherigen Meinung verbissen festhalten.

Ich meine damit nicht eine »Einheitsreligion«, die alle Strömungen umschließt. Solch eine Toleranz ist der Bibel fremd. Da wird das Wort Gottes vielmehr mit einem Hammer verglichen und einem Schwert (Jer. 23,29; Hebr. 4,12). Es geht hier darum, daß wir einander in unseren Grenzen annehmen, ohne unnötig zu verletzen.

5. Von der Vergebung

Solch ein Annehmen setzt Vergebung voraus. Ohne Vergebung können wir nicht miteinander leben.

Ich erzähle gerne ein Beispiel, das mich persönlich etwas Entscheidendes gelehrt hat, so daß ich es hier noch einmal anführen möchte:

Eines Tages kam ein Mann in die Praxis, der 20 Jahre lang depressiv war. Im Laufe des Gesprächs wurde deutlich, daß da zwei Menschen waren, denen er einfach nicht vergeben konnte. Und jedesmal, wenn die bitteren Erinnerungen in ihm aufstanden, schlug auch seine Depression über ihm zusammen. Als wir über die Vergebung miteinander sprachen, war seine spontane Reaktion: »Das ist unmöglich! Das kann ich nicht!« Zwar wußte er theoretisch, daß Jesus Christus unmißverständlich von seinen Freunden die Vergebungsbereitschaft forderte, ja, daß diese Bereitschaft Voraussetzung dafür ist, daß Gott auch uns vergibt, aber gefühlsmäßig war es ihm unmöglich. Alles in ihm wehrte sich dagegen. Insgeheim suchte er Rache.

Wir lasen dann miteinander all diese Stellen, die von der Vergebung sprachen, vor allem Matthäus 18,21ff., wo Jesus Petrus deutlich machte, was Vergebung ist.

Endlich, nach langem Zögern, war er bereit, die Vergebung auszusprechen. Ich atmete auf. Vierzehn Tage später rief er mich an. Es waren ihm so manche Dinge eingefallen, Verleumdungen, Dinge, die einfach nicht wieder gutgemacht werden konnten. – Vergebung?

Natürlich sagte Paulus im Epheserbrief (Eph. 4,32): »Vergebt einer dem anderen, wie auch Gott euch vergeben hat in Christus.« – Aber in diesem Fall? Wäre das nicht zu billig? Mußte hier nicht Sühne erfolgen? Sein guter Ruf stand auf dem Spiel.

So befanden wir uns wieder genau an dem gleichen Punkt.

»Wie oft?« So hatte auch Petrus gefragt.

Aber hier ging es nicht einmal um die Anzahl der Sünden, sondern um die Schwere der Verletzung. Und dann einfach vergeben?

Und wie war das mit unserer Schuld? Wog sie nicht noch viel schwerer? Ja, hat sie nicht Jesus das Leben gekostet? Wieder sprachen wir miteinander. Eine Stunde lang. Er war vor die Entscheidung gestellt, entweder seinem Rachewunsch nachzugehen und in seiner Depression zu verharren – oder auf jede Form der Sühne zu verzichten und unbeschwert zu sein.

Noch einmal entschied er sich für die Vergebung. Ich dachte: »Jetzt haben wir's geschafft!«

Wieder vergingen etwa 14 Tage. Da rief er mich erneut an. Diesmal erschien es ihm noch unmöglicher als je zuvor, zu verzeihen. All die Verleumdungen. Die Sticheleien. Die Verletzungen. Eine Erinnerung löste die andere ab.

So vergingen Wochen und Monate. Ein halbes Jahr. Und jedesmal hatte er ganz bewußt die Vergebung ausgesprochen.

Und eines Tages fiel ihm nichts Neues mehr ein.

In dieser Zeit haben wir beide gelernt, was eigentlich Vergebung ist. Vergebung ist nicht nur ein einmaliges Geschehen. *Vergebung ist eine Gesinnung, die sich in einem Menschen bildet, wenn er sich immer wieder neu dafür entscheidet.*

Mehr als 10 Jahre sind inzwischen vergangen. Und dieser Mensch ist nie wieder depressiv geworden. Es gab Schwierigkeiten, auch im zwischenmenschlichen Bereich. Aber diese Schwierigkeiten konnten nicht mehr in Bitterkeit umgesetzt werden; denn noch bevor sie sich einnisten konnten, um ihr Gift zu verbreiten, war er bereit, auf Rache zu verzichten und die Vergebung auszuteilen.

(Siehe: *Mit der Seele per Du*, R. Brockhaus Taschenbuch Bd. 388, S. 55f.)

6. Die positive Weichenstellung

Wir alle haben schon erlebt, wie ein Wort die ganze Atmosphäre bestimmt. Ja, manchmal genügt ein freundliches Wort, um eine gespannte Atmosphäre zu verwandeln. Aber auch das Umgekehrte trifft zu: Schon ein negatives Wort reicht aus, um eine Atmosphäre zu vergiften.

Wie viele Menschen kenne ich, deren Reden und Denken sich in einem negativen Zirkel bewegt, ein ständiges Kreisen um das Negative.

Negatives Reden zerstört jede Gemeinschaft. Es zieht herunter. Es blockiert und lähmt.

Die negative Haltung kann zu einem Lebensprinzip werden, das schließlich das ganze Leben bestimmt.

Da gerade die negative Kommunikation – auch unter Christen – weit verbreitet ist, möchten wir noch etwas näher darauf eingehen.

Es ist bekannt, daß Japaner kaum Urlaub kennen. Wenn eine junge Familie die Möglichkeit erhält, eine Woche Urlaub zu nehmen, so bedeutet das für diese Familie ein Vermögen an Zeit. Eine Woche! Welch ein Geschenk! Welch ein unverdientes Glück!

Wenn nun einer Familie in Deutschland der gewohnte Jahresurlaub bis auf eine Woche zusammengestrichen würde, so würde es ganz anders klingen, wenn diese Familie mit Empörung feststellt: Eine Woche? Nur eine Woche? Welch eine Unverschämtheit! Welch eine Zumutung!

So könnten ungezählte Beispiele zitiert werden, die zeigen, daß die Einstellung eines Menschen entscheidend ist: Anstatt auf das zu starren, was wir nicht haben, sollten wir dankbar sein für das, was uns gegeben ist!

So wäre es eine gute Übung, schon am Morgen den Tag damit zu beginnen, daß man – anstatt draußen auf den Regen hinzuweisen, der alle Pläne durchkreuzt, auch für den Regen dankbar ist, der uns beispielsweise Dinge tun läßt, die wir sonst vielleicht nicht getan hätten.

Wir müssen ganz bewußt lernen, das Gute um uns herum wahrzunehmen – und auszusprechen. Und solch ein positives Bekenntnis wirkt nach, in uns selbst und in anderen.

»Seid dankbar in allen Dingen«, rät der Apostel Paulus in 1. Thessalonicher 5,18. Dankbar – auch in den kleinen, alltäglichen Begebenheiten. Das ist ein Prinzip, das wir befolgen sollten. Diese Dankbarkeit ist dann wie das Salz, das den Teig durchsetzt.

Eine hübsche junge Frau kam in die Sprechstunde. Sehr begabt und mit vielen Vorzügen ausgestattet. Als sie anfing zu berichten, klang ihre Stimme monoton und weinerlich. Sie sprach leise, kaum hörbar. Alles, was sie sagte, war negativ gefärbt. Und ihre Lebenserwartung war entsprechend negativ. Als sei sie unfähig, das Gute wahrzunehmen.

Ich versuchte, sie auf diesen oder jenen Vorzug hinzuweisen, doch sie winkte sogleich ab. Das Gute war nicht für sie. Das war für die andern.

Hier hatte sich ein Mensch dem Negativen verschrieben. Und entsprechend negativ waren auch die Ergebnisse.

Es stimmte, daß ihr Leben bisher sehr unglücklich verlaufen war. Aber das bedeutete ja noch nicht, daß es auch so bleiben müßte. Als sie geboren wurde, starb ihr Vater. So konzentrierte sich die Mutter ganz auf ihre Tochter und machte sie zu ihrem einzigen Lebensinhalt. Sie schüttete stets ihr Herz vor ihrer Tochter aus und impfte sie mit dieser negativen Grundeinstellung. Ihr Lebensmotto war: »Das Glück ist auf der Seite der andern. Unser Leben ist Leid und bringt nichts als Enttäuschung.«

In dieser Lebensphilosophie wuchs die Tochter auf und machte sich diese Einstellung zu eigen.

Nun waren beide Christen. Aber auch der Glaube, in dem sie aufwuchs, war negativ geprägt: Aus Angst, von Gott bestraft zu werden, bestrafte sie sich selbst durch ihre Lebensverneinung. Ging es ihr zufällig einmal gut, wartete sie bereits auf die nächste Niederlage. Sie war unfähig, sich zu freuen. Unfähig, das Positive zu erwarten.

So wurde das Negative zu einer Macht, von der sie schließlich völlig beherrscht wurde.

In dem Augenblick, als ihr das bewußt wurde, fing sie an, ihr Reden zu verändern. Es war nicht leicht; denn das alte Klagelied war so vertraut geworden, daß sie zunächst meinte, nicht mehr darauf verzichten zu können. Aber sie war fest entschlossen, dieses alte Muster nicht länger beizubehalten. Systematisch fing sie an, eine positive Haltung einzuüben.

Und wenn sich jetzt jemand negativ äußerte, versuchte sie sogleich, dem etwas Positives entgegenzuhalten. Und ganz allmählich setzte eine Verwandlung ein.

Eigensuggestion? Nein. *Es ist eine andere Realität, der ich mich zuwende. Und damit öffne ich mich einer anderen Kraft, die mein Leben positiv verwandelt.* Das ist die Hoffnung des Glaubenden, der weiß, daß der ewige Schöpfer zugleich der Vater Jesu Christi ist, mein Erlöser.

»Das kann ich nicht.« Wie oft höre ich diesen Satz aus dem Munde eines Menschen. »Das ist unmöglich.« »Das schaffe ich nie.« »Es hat keinen Sinn.« »Das überlebe ich nicht.« Welch eine negative Programmierung!

Vor allem bei verwöhnten Jugendlichen merke ich immer wieder, daß sie jeder Konfrontation ausweichen mit der Entschuldigung: »Das kann ich nicht.«

Wenn ich durch mein negatives Bekenntnis schon das Ergebnis vorwegnehme, warum sollte ich mich dann noch anstrengen, um das Gegenteil zu beweisen?

Satan wird zu Recht der Lügner genannt (Joh. 8,44). Wir aber müssen seine Lüge entlarven und uns systematisch darin üben, das Gute auszusprechen und das Positive zu erwarten. Das ist »Buße« im echten Sinn.

Es geht hier nicht darum, daß aus Schwarz Weiß gemacht werden soll, es geht darum, daß wir uns dem Positiven öffnen.

Geben wir uns keiner Illusion hin: Solch ein Umdenken ist mit Mühe verbunden. Das geht nicht von heute auf morgen. Das braucht Zeit. Eine Umwandlung muß wachsen, wenn sie Bestand haben soll. Aber dann werden wir auch eine neue Ernte einbringen. Um dieser Ernte willen lohnt sich die Mühe.

Und wenn wir dann vor einem unlösbar scheinenden Problem stehen, werden wir nicht gleich resignieren mit den Worten: »Das kann ich nicht« oder »das schaffe ich nie«. Mit solch einem negativen Bekenntnis laden wir ja geradezu eine lähmende Kraft ein, die uns bindet und dann in der Tat unfähig macht.

Statt dessen werden wir den ersten Schritt wagen und auch den zweiten, und auch der kleinste Erfolg ist nicht selbstverständlich, sondern wie ein Ansporn, nicht aufzugeben, vielmehr weiterzumachen – weil Gott mit uns ist.

7. Von der Kränkbarkeit

Die meisten Spannungen – vor allem in der Ehe – kommen daher, daß wir Menschen so verletzbar reagieren. So ist die Kränkbarkeit des Menschen die Hauptursache für alle Kommunikationsstörungen.

Kränkbarkeit aber ist nichts anderes als ein verletzter Stolz.

Ein Wort der Kritik – und der Betroffene reagiert verärgert, verbittert, er schlägt zurück, er igelt sich ein und schmollt. Denn er fühlt sich in seinem Selbstwertgefühl gekränkt.

Wo Spannungen innerhalb einer Beziehung herrschen, ist oft der gekränkte Stolz die Ursache dafür. Daher müssen wir an unserer Kränkbarkeit arbeiten.

Da ist ein Ehepaar. Die Beziehung ist gespannt. Voller Vorwürfe und Bitterkeit.

Wie hatte dieser schwelende Kriegszustand begonnen?

Es fing damit an, daß der Mann am Abend sein gebrauchtes Oberhemd über den Stuhl legte. Zunächst räumte es die Frau weg. Ein paar Tage später lag wieder ein anderes über dem Stuhl. Auch diesmal räumte es die Frau weg. Aber es paßte ihr nicht. Sie dachte, eigentlich kann er es selbst wegräumen. Doch sie schwieg. Beim dritten Mal sagte sie schon etwas verletzt: »Du könntest ruhig deine Hemden selber wegräumen, ich bin nicht deine Bedienstete.«

»Es hat dir niemand gesagt, daß du es tun sollst«, reagierte nun der Mann seinerseits gekränkt.

Jetzt fing die Frau an, innerlich zu kochen: »Wenn ich es nicht tue, wer tut es sonst?«

Dann ergab ein Wort das andere.

Am nächsten Tag lagen zwei Hemden auf dem Stuhl, ein benutztes und ein unbenutztes. Die Frau übersah beide. Ein paar Tage später kam ein drittes Hemd dazu.

Aber nicht nur der Wäscheberg wurde größer, sondern auch die Spannung zwischen den beiden. Es war ein Kräftespiel. Wer würde nachgeben?

Schließlich wurde es der Frau zu lächerlich und sie räumte weg. Aber innerlich verschloß sie sich gegen ihren Mann und machte ihm heimlich Vorwürfe. Sie wurde bitter. Sie klagte an. Sie bemitleidete sich selbst. Sie redete nur noch das Wichtigste mit ihm.

Aber auch der Mann reagierte trotzig. Er wollte sich nichts vorschreiben lassen. Er wollte selbst entscheiden, was er zu tun oder nicht zu tun hatte.

Hätte er nicht so verletzt reagiert, es wäre so einfach gewesen, auf seine Frau einzugehen.

Aber sollte nicht auch sie auf seine Schwäche mit Humor reagieren, anstatt einen Ehekrieg zu entfachen?

Einander annehmen. Entgegenkommen.

Hören, warum der andere so reagiert, wie er reagiert. Dem Verletztsein einen Namen geben. Sich der Wahrheit stellen. Keine versteckten Appelle. Das alles sind Stufen, die dazu führen, daß unsere Kommunikation dem anderen verständlich wird! Das setzt voraus, daß wir uns in unserer Verletzbarkeit ehrlich gegenüberstehen.

Häufig versuchen Ehepaare, ihre Kinder zu erziehen, und wissen mit ihrer eigenen Kränkbarkeit nicht umzugehen.

Hier müssen wir ganz bewußt an unserer Kränkbarkeit arbeiten, indem wir lernen, berechtigte Kritik anzunehmen, ohne zu schmollen und einen anderen korrigieren, ohne zu verletzen. Das ist eine Kunst, die erlernbar ist.

Wenn eine Kritik vorwurfsvoll geschieht, macht man es dem anderen unnötig schwer. Schon die Schwingung in der Stimme läßt die Türen zuschlagen. Und so entwickeln sich oft aus kleinsten Anlässen große Schäden, die später nur sehr schwer wieder zu reparieren sind. Deshalb ist es leichter, schon bei den Anfängen behutsam miteinander umzugehen.

Ein sachliches Gespräch kann einen schwelenden Konflikt beenden. Doch muß eine solche Auseinandersetzung auf sachlicher Ebene vorgetragen werden, ohne Spitzen und heimliche Vorhaltungen.

Wir reagieren ja nicht nur auf das, *was* gesagt wird, sondern darauf, *wie* etwas gesagt wird.

Wenn ich nun gekränkt bin, zeigt mir das an, daß da ein wunder Punkt ist, eine Schwachstelle in meinem Verhalten, die einer Behandlung bedarf, eines Trainings. Eines Schliffs.

Es wäre verkehrt, aus dem eigenen Verletztsein heraus zurückzuschlagen und jetzt meinerseits dem anderen Wunden zuzufügen, die dann nur schwer heilen. Einfacher ist es, an der eigenen Verletzbarkeit zu arbeiten.

Wie können wir das?

8. Von der Demut

Wer an seiner Kränkbarkeit arbeiten will, muß *demütig* sein, d.h. er darf nicht an seiner Fassade herumpolieren, um vor anderen zu glänzen. Er muß seine Schwäche zugeben und sich zu seinen Fehlern stellen, ohne sich zu rechtfertigen – muß aber auch bereit sein, auf den anderen einzugehen.

Zur Demut gehört, daß wir bereit sind, Kritik anzunehmen. Und wer demütig ist, kann auch einen anderen zurechtweisen, denn er wird nicht unnötig verletzen.

Haben Sie schon einmal an sich selbst beobachtet, wie schnell Sie einem anderen die Schuld für eine bestimmte Sache zuschieben?

Die Fehler eines anderen erscheinen oft viel unverschleierter und schwerwiegender als die eigenen. Ist es nicht das, was Jesus mit dem »Splitter« im Auge des anderen meinte, den man sieht, und dabei den »Balken« im eigenen Auge nicht wahrnimmt (Matth. 7,3)?

Wenn wir einander die Fehler vorhalten, vergrößert sich nur die Kluft, denn negatives Kritisieren verbindet nicht, es trennt. Darum kann nur derjenige Kritik austeilen, der selbst auch bereit ist, Kritik anzunehmen.

Kritik ist heute weithin als pädagogisches Konzept eingeführt. Alles wird kritisiert und verurteilt.

Schon Kinder werden trainiert, andere zu kritisieren: Kritik an den Eltern, Kritik an den Lehrern, Kritik an der Gesellschaft, Kritik an Kirche und Staat. Die Frucht solch einer Erziehung erleben wir Tag für Tag.

Hier muß ein neues Erziehungsprinzip zugrunde gelegt werden, ein Verhaltenstraining, das auf der gegenseitigen Achtung basiert, oder, wie Paulus schreibt: »Einer achte den anderen höher als sich selbst« (Phil. 2,3).

Ist dieser Rat des Apostels heute nicht mehr aktuell?

»In Demut achte einer den anderen höher als sich selbst . . .«

Haben wir ihn falsch verstanden? Ist das nicht eine Zumutung?

Es gibt Unterschiede. Die sind nicht wegzudiskutieren. Man kann sich nicht ohne weiteres über bestehende Unterschiede hinwegsetzen. Es gibt arm und reich, begabt und unbegabt, faul und fleißig – –. Doch hier ist nicht von einer Gleichschaltung die Rede, sondern davon, dem anderen den Vortritt zu lassen: Du zuerst.

Das klingt in der heutigen Lebensphilosophie wie ein Hohn. Alles zielt ja darauf hin, daß ICH zuerst komme. MEINE Interessen. MEINE Bedürfnisse. MEIN Recht.

»Nicht so!« lehrt die Bibel. Genau umgekehrt: Zuerst der andere. Ich bin Diener des anderen. »Seid einander untertan« (Eph. 5,21).

Einer der Diener des andern.

Wir aber wollen nicht Diener sein. Wir fühlen uns zum Herrschen geboren. Die Frau will nicht Dienerin des Mannes sein und der Mann ist nicht bereit, der Frau zu dienen. Und weil Vater und Mutter nicht bereit sind, dem anderen den Vortritt einzuräumen, haben es auch die Kinder nicht gelernt. So fordert einer vom anderen. Keiner ist bereit, zugunsten des anderen zurückzustehen.

Das bedeutet ja nicht, daß wir eine Generation von Duckmäusern heranziehen, die zu allem Ja sagen, sondern im Gegenteil: Menschen, die großmütig sind und füreinander leben; die gelernt haben, auch einmal auf ihren eigenen Vorteil zu verzichten, ohne sogleich vor dem Gericht zu klagen.

Wenn wir gekränkt sind, gilt es, sich dieses Ziel vor Augen zu halten: nicht ich – der andere. Ich bin für ihn da. Nicht er für mich.

Das ist das Geheimnis des Erfolgs.

Es ist auch das Geheimnis der Gemeinschaftsfähigkeit.

Es ist das Geheimnis lebendiger Beziehung zwischen den Generationen – wenn der Ältere zum Jüngeren sagt: »Du zuerst! Ich bin für dich da. Ich helfe dir.« Und dann der Jüngere zu dem Älteren: »Du bist mir wert. Ich stehe für dich bereit.«

9. Das neue Ziel

In Epheser 4,19 schreibt der Apostel Paulus: »Laßt kein faules Geschwätz aus eurem Munde gehen, sondern redet, was gut ist, was erbaut, und was notwendig ist, damit es Segen bringe denen, die es hören...«

Hier gibt uns Paulus ein Ziel: *Nicht ich*, damit *ich* zur Geltung komme, damit *ich* mein Recht erhalte, damit *ich* zur Entfaltung komme, damit *ich* auf den Thron gehoben werde – *nein* – nicht ich, *der andere.* »Damit es *Segen bringe denen, die es hören...*«

Das ist eine neue Zielvorstellung. Der andere soll aufgebaut werden und zu der Persönlichkeit wachsen, in der das Bild Gottes sichtbar werden und so Sein Licht reflektieren kann.

Unser Reden soll demnach einem ganz bestimmten Ziel dienen. Worte sind nicht dazu gegeben, die Zeit zu füllen oder einander herunterzuputzen. Auch Worte sind ein Geschenk von Gott. Und wir müssen lernen, damit verantwortlich umzugehen.

Unser Reden soll den andern aufrichten, ihn fördern. Wenn wir darüber nachdenken, erkennen wir, wie wichtig es ist, an unserer Kommunikation zu arbeiten und unser Reden sorgfältiger zu kontrollieren.

Wenn das Heilwerden des anderen unser Ziel ist, wird unsere Kommunikation gesunden. Dann werden wir mehr darauf bedacht sein, nur das zu sagen, was uns selbst zur Hilfe geworden ist.

So sollten wir uns prüfen: Warum sagen wir dieses oder jenes? Ist es, um selbst in einem besseren Licht zu stehen? Steckt dahinter meine Eitelkeit, daß ich »gesehen werden möchte vor den Leuten«?

Jesus sagt: »Euer Vater, der in das Verborgene sieht . . .« (Matth. 6,4). Es geht hier um das verborgene Leben mit Gott.

Wenn das unser Ziel ist, so kann Gott solche Menschen aus uns machen, die er gebrauchen kann – nicht zu unserem eigenen Ruhm, sondern zu Seiner Ehre.

Aber das können wir nur, wenn wir in der Gemeinschaft mit Gott bleiben. Sonst ist alles Mühen letztlich doch vergebens und dient nur unserer Eitelkeit.

»Ohne mich könnt ihr nichts tun«, sagt Jesus (Joh. 15,5).

Das aber heißt, daß eine fruchtbringende Kommunikation nur da möglich ist, wo der Mensch im Gespräch mit Gott lebt.

10. Vom Gespräch mit Gott

Dieses Thema ist so umfangreich, daß wir in einem gesonderten Buch näher darauf eingehen möchten. In diesem Rahmen wollen wir daher nur einige Punkte kurz andeuten:

Die zwischenmenschliche Kommunikation wird befruchtet und genährt von unserer Kommunikation mit Gott.

Solch ein Gespräch mit Gott ist mehr als nur das pflichtgemäße Standardgebet oder eine nicht endenwollende Litanei von selbstsüchtigen Bitten. Zu diesem Gespräch gehört es, daß wir uns dem Hl. Geist stellen und uns von Ihm korrigieren lassen, seine Vergebung annehmen und ihm freien Raum gewähren.

In diesem Gespräch mit Gott lernen wir hören. Hier lernen wir schweigen. Empfangen, um weiterzugeben. Tun, was Er uns sagt.

Solch ein Hören will gelernt sein. Wie leicht geschieht es, daß wir seine Stimme mit unseren eigenen Ideen verwechseln. Da heißt es dann »So spricht der Herr« – aber es war nicht Gott, der da geredet hat. Wieviel vermeintliche Gottesbotschaften haben nichts als Verwirrung gestiftet.

Was Gott zu sagen hat, können wir in der Bibel nachlesen. Darüber sollen wir meditieren, Ihn fragen, Ihn bitten, es uns aufzuschließen. Nach diesen Worten sollen wir unser Leben ausrichten, damit es ein erfülltes, sinnvolles Leben ist.

In solch einem Gespräch mit Gott wächst die Persönlichkeit, die anderen zum Segen wird.

Wenn wir in der täglichen Gemeinschaft mit Jesus Christus leben, wird diese Beziehung uns Stück um Stück verwandeln, bis die Züge Jesu auch in unserem Leben erkennbar werden.

Und dann werden wir dem anderen so begegnen, wie Jesus uns begegnet ist.

11. Was tun, wenn der andere sich nicht verändert?

Ich erinnere mich an einen äußerst problematischen Chef, der seine Untergebenen durch seine Launen tyrannisierte und in seinen Chef-Allüren so weit ging, daß alle vor ihm zitterten. Er regierte und ließ seine Untertanen nach seiner Willkür tanzen. Wagte es jemand, ihm zu widersprechen, so tobte er seinen Unwillen aus und brüllte, daß der andere für immer verstummte. Ein Gespräch auf sachlicher Ebene war einfach nicht möglich. In seiner Meinung war er schwankend und daher unberechenbar. Er konnte heute einen Gegenstand schwarz bezeichnen und schon eine Stunde später behaupten, nie etwas anderes gesagt zu haben, als weiß. Eine Diskussion war einfach nicht denkbar.

Wir können in den seltensten Fällen den anderen in seiner Eigenprägung verändern. Daher müssen wir zunächst bei uns selbst beginnen. Es mag sein, daß wir gerade diesen seltsamen Kauz als Mitarbeiter oder Vorgesetzten brauchen, um uns selbst kennenzulernen. Denn wie sonst sollten wir erkennen, daß uns Liebe mangelt, wenn wir nicht in eine Situation hineingekommen wären, die unsere Lieblosigkeit aufdeckt. So brauchen wir auch diese unangenehme Konfrontation – zur eigenen Reifung.

Das heißt nicht, daß wir alles mit uns geschehen lassen sollten.

Es mag sein, daß es für uns bedeutet: Geh. Aber es kann auch sein, daß es heißt: Halte durch. Und in der Tat können wir manches Mal einem Konflikt nicht ohne weiteres entfliehen. Da haben wir uns zu bewähren. Da gilt es, in Gelassenheit und Festigkeit unbeirrbar unseren Weg zu gehen. Aber nicht stur und in Überheblichkeit. Sonst würden wir in denselben Fehler verfallen, der uns am anderen so stört.

Hier wird mehr von uns gefordert.

Hier ist unsere Liebe gefragt.

»Redet die Wahrheit in Liebe.« Oder, wie Paulus in Epheser 4,15 schreibt: »Seid wahrhaftig in der Liebe zueinander.«

12. Von der Liebe

Wenn wir alle Kommunikationstechniken beherrschten und auch einen Kurs über Kommunikation erfolgreich belegt hätten – aber ohne Liebe miteinander umgehen, hilft uns all unser Wissen nichts.

So ist die Liebe die Grundvoraussetzung für eine gute Kommunikation. Wo diese Liebe fehlt, bringen uns alle Techniken nicht weiter.

Wir können noch so gut hören und noch so geschickt mit Worten umgehen und die geheimsten Kammern unserer Seele durchleuchten – aber all unser Wissen nützt nichts – wenn die Liebe fehlt.

Denn die Liebe schlägt die Brücke zu dem Nächsten. Liebe ist kein Gefühl.

Liebe ist auch keine Technik, die wir erlernen könnten. Zur Wahrhaftigkeit können wir uns erziehen. Aber Liebe ist nicht erlernbar.

Diese Liebe ist eine Person. Sie hat einen Namen: JESUS. Und wer in Verbindung mit dieser Person ist, der wird Teilhaber Seiner Göttlichen Liebe. Und je tiefer die Beziehung, desto mehr wird dieser Mensch auch die Liebe Jesu reflektieren.

Diese Liebe urteilt nicht und wertet nicht ab. Vielmehr sieht sie in dem anderen einen unschätzbaren Wert. Wenn mir der andere etwas wert ist, bin ich auch bereit, einen Preis zu zahlen. Und dieser Preis ist die Vergebung. Die Vergebung, die nicht nachträgt, die Fehler des anderen nicht auflistet.

Solch eine Liebe, die auf der Vergebung basiert, kann warten, denn sie ist geduldig. Sie drängt sich nicht in den Vordergrund. Sie kann auch schweigen. Aber dann, wenn ihre Zeit gekommen ist, wird sie reden. Und das, was sie redet, wird wahr sein. Doch sie wird dabei nicht unnötig verletzen und Wunden schlagen, denn ihr Ziel ist das Heilwerden des andern.

So geht es in der Kommunikation letztlich um die Liebe: daß wir lernen, einander in Liebe anzunehmen, wie Christus uns angenommen hat. Diese Liebe ist der geheime Schlüssel zum Leben des andern.

Wenn ich den andern liebe, bin ich bereit, selbst zurückzustehen, um den andern zur Geltung zu bringen; denn ich bin nicht darauf aus, für mich selbst Anerkennung zu finden.

Das heißt nicht, daß wir den heimlichen Erwartungen des andern immer entsprechen und seinen versteckten Appellen nachgeben müßten; das wäre eine falsche Interpretation der Liebe. Liebe weiß auch Grenzen zu setzen, wo Grenzen notwendig werden. Aber diese Grenzen sind keine Stacheln, die verletzen, sondern wie ein Geländer, das Orientierung gibt.

Wo die Liebe die treibende Kraft einer Kommunikation ist, wird die zwischenmenschliche Beziehung leicht. Da werden wir selbst unsere Feinde lieben und, die uns fluchen, segnen.

Und von dieser Liebe heißt es, daß sie die Furcht austreibt (1. Joh. 4,18). Da muß die Angst, die bisher unsere Kommunikation bestimmt hat, weichen.

Diese Liebe ist da. Wir müssen sie nicht irgendwo suchen. In Römer 5,5 schreibt Paulus: »Die Liebe Gottes ist in unser Herz ausgegossen durch den Heiligen Geist, der uns gegeben ist.«

Es ist nicht unsere Liebe, die wir durch unsere Anstrengung produzieren oder vortäuschen könnten. Es ist die Liebe Gottes, die in uns ist und durch uns den anderen erreichen will.

Dieser Liebe gilt es, Raum zu schaffen. Es ist so einfach – und doch so schwer.

Wenn wir dem anderen begegnen, sollen wir Kanal sein, durch den die Liebe Gottes, die in uns ist, zu dem anderen hinströmt.

Außerhalb von Gott gibt es keine Liebe. Und das, was

der Mensch weithin als Liebe anpreist, ist keine Liebe, nur eine Imitation, einer Plastik-Liebe vergleichbar, die zwar äußerlich der Liebe in manchen Stücken ähnelt, aber keine Kraft hat zu verwandeln und zu erneuern.

In dieser göttlichen Liebe jedoch liegt der schöpferische Keim, der das Weltall schuf. Und diese Liebe ist auch fähig, den Menschen zu verwandeln. Daher rät der Apostel: »Strebt nach der Liebe!« (1. Kor. 14,1).

So bauen wir Gemeinschaft, ein Miteinander, das zugleich ein Füreinander ist. Und nur miteinander werden wir das Ziel der Vollendung erreichen.

In solch einer Beziehung heißt es: Ich für dich. Nicht: du für mich. Wenn ich für den anderen bin in der Hoffnung, dann auch meinerseits davon zu profitieren, wäre das Berechnung. Aber Liebe rechnet nicht. Sie gibt, ohne für sich zu erwarten. Sie verschwendet sich, ohne zu fragen, was ihr dafür wird.

Das aber ist das Bild des neuen Menschen, der mit Gott kommuniziert und in einer engen Lebensgemeinschaft mit Jesus Christus bleibt.

Dann, wenn wir uns Gott öffnen, uns ihm anvertrauen, kann Er in uns diesen neuen Menschen schaffen, diese neue Gesinnung, mit der wir dann dem anderen begegnen – in Wahrhaftigkeit und Liebe.

13. Das Lebensprogramm

Für dieses Ziel lohnt sich der Einsatz.
Da wird der Herrische lernen, den anderen zu akzeptieren,
der Kriecher seinen Selbstwert entdecken,
der Sachliche seine Gefühle verbalisieren,
der Gefühlsbetonte sich zurückhalten,
der Wahrheitsfanatiker barmherzig sein,
und wer verschleiert, wahrhaftig werden,
wer anklagt, wird gerne vergeben,

und wer alles zudeckt, lernen, die Dinge beim Namen zu
nennen.
Wer ständig redet, sich darin üben zu hören,
der Schweiger wird sich entschließen zu reden.
Wer den anderen benutzt, um sich selbst groß zu machen,
wird sich zurückhalten, um dem anderen den Vortritt zu
geben.
Und wer nur mit sich selbst kommuniziert,
wird im anderen ein Gegenüber sehen.
So übt sich der Schüchterne, seine Meinung zu sagen.
Der Ängstliche wagt zu vertrauen.
Der Ja-Sager schafft es, auch nein zu sagen.
Und der Nein-Sager versucht, auf die Bitte eines anderen
einzugehen.
Und das alles – wird aus Liebe geschehen. Sonst hat es
keinen Bestand.

Ist das ein paradiesischer Wunschtraum?

Jeder von uns kann sich verändern. Niemand muß so
bleiben, wie er bisher war. Auch wenn er bereits 50 oder 60
Jahre und mehr so gelebt hat. Und wenn die Kindheit noch
so unglücklich verlief und das eigene Versagen als Kläger
aufsteht – es muß nicht so bleiben. Und wenn es
zwischendurch zu Niederlagen kommt und Rückschlägen
und wir wieder in dem alten Verhaltensmuster gefangen
werden, brauchen wir nicht entmutigt aufzugeben, denn
wir kämpfen nicht allein. Gott selbst bietet uns seine Hilfe
an durch den Heiligen Geist.

Doch wir müssen uns Seiner Hilfe öffnen.
Wir müssen Ihn in uns und durch uns wirken lassen –
und Ihm gehorchen.
Das heißt: Wir müssen hinhören auf das, was Gott uns in
Seinem Wort zu sagen hat, und dann auch tun, was Er uns
sagt.

Das ist ein Lebensprogramm!